美国式幸福

［美］亚瑟·C. 布鲁克斯（Arthur C. Brooks）◎著
朱 玲◎译

THE CONSERVATIVE HEART

How to Build a Fairer, Happier, and More Prosperous America

中信出版集团 · 北京

图书在版编目（CIP）数据

美国式幸福 / (美) 亚瑟 · C. 布鲁克斯著 ; 朱玲译
. -- 北京 : 中信出版社 , 2017.1
书名原文 : THE CONSERVATIVE HEART
ISBN 978-7-5086-7103-1

Ⅰ. ①美… Ⅱ. ① 亚… ② 朱… Ⅲ. ①保守主义－研究－美国－现代 Ⅳ. ① D097.125.3

中国版本图书馆 CIP 数据核字（2016）第 303425 号

美国式幸福

著　　者：[美] 亚瑟 · C. 布鲁克斯
译　　者：朱　玲
出版发行：中信出版集团股份有限公司
（北京市朝阳区惠新东街甲 4 号富盛大厦 2 座　邮编　100029）
承 印 者：中国电影出版社印刷厂

开　　本：787mm×1092mm　1/16　　印　　张：15　　字　　数：182 千字
版　　次：2018 年 6 月第 1 版　　印　　次：2018 年 6 月第 1 次印刷
京权图字：01-2015-7313　　广告经营许可证：京朝工商广字第 8087 号
书　　号：ISBN 978-7-5086-7103-1
定　　价：69.00 元

目 录

引 言

保守的心：我们怎样改变了世界——但是似乎找不到立足点

我至今记得第一次见识真正贫困时的情景。那是在 20 世纪 70 年代早期，当时我七八岁。一次，我在翻阅一本《国家地理》杂志的时候，看到一幅让人心碎的照片，上面是一个营养不良的非洲男孩：他和我年纪相仿，苍蝇在他脸边环绕，肚子鼓鼓的。

之前我从未见过如此情景。当然，按照今天的标准，我童年生活的街区也相当简朴。据我所知，我的父母在我们这个工人阶层居多的街区里是唯一上过大学的。我的一些邻居依靠食品补助维持生活，大部分家庭里都只有爸爸或妈妈。但是，与《国家地理》杂志里那张照片中的境况相比，我所生长的地方就是贝弗利山庄（全世界最高档富有的住宅区）。

照片上的悲惨画面让我萌生了两种感觉：一种是无助，因为我除了为那个孩子祈祷或者把我的零花钱捐给联合国儿童基金会之外什么也做不了。即使是一个孩子，我也知道我个人能做的远远不够；另一种是愤怒。愤怒这个社会的不公平，我在西雅图的家里吃得饱穿得暖，被家人爱着，而那个男孩却只能在非洲等着被饿死。

当然，贫困并不仅仅摧残着非洲的孩子。我出生于 1964 年 5 月 21 日，就是林登·贝恩斯·约翰逊总统发表他那著名演说《伟大社会》的前一天。正如我之后所学的那样，那时候人们开始逐渐意识到压倒性的贫困存在于阿巴拉契、密西西比地区及美国的诸多城市。我们也发现中部地区的贫困对我们的平等意识以及“人人平等”的理念来说是一种“侮辱”。难道，美国境内的贫困比非洲或者印度的贫困更轻吗？但是在像美国这样的国度里，任何形式的贫困都是我们不得不解决的问题。

我长大了，上了学，然后找到一份工作并组建了家庭。但是《国家地理》杂志上那个男孩的形象却一直萦绕在我脑海中，我常常回想过去，思考一个问题，那个男孩怎么样了？当然我无从知道那个孩子最终的命运。但是我想知道，由此类推，那些像他一样极度贫困的人现在生活得怎样呢，是更好还是更差呢？

我们知道答案，贫困在世界范围内仍然存在，但是整体而言，从我的童年至今，贫困现象已经缓和了很多，想一想世界上最贫困人群（按照传统的最贫困标准，每天的生活费只有一美元甚者更少）的生活情形吧。从 1970 年至今，这个比例下降了 80%，这一数字由于通货膨胀被调整[1]。我的童年时期，全世界超过 1/4 的人口属于最贫困人群。如今，只有 1/20 的人口属于此类。这是世界历史上最伟大的反贫困成就。

那么这个伟大的转变是如何发生的呢？是因为联合国反贫困工作的伟大胜利，美国对外援助的慷慨，国际货币基金组织和世界银行的英明政策，还是因为刺激性消费和政府再分配？

都不是。主要原因不是它们中的任何一个。全世界数百万人因为五项惊人的变革而摆脱贫困：全球化、自由贸易、财产权、法治精神、企业家精神。

回到我童年时代，那时，美国人看到了世界的贫困人群，他们也看到了我们。我们看到他们的贫困，他们看到了我们的自由与繁荣。他们通过模仿我们的模式摆脱了贫困的枷锁。自由企业制度，不仅吸引了世界上数百万穷人来到美国，给予他们有尊严的生活，而且为世界投入了数十亿美元使得更多的人摆脱贫困。

在人类摆脱贫困的漫长旅途中，美国保守主义的核心——自由企业和全球领导力的理想，最大限度地减少了人们所遭受的苦难。这一显著的进步是美国送给世界的礼物。

但是，美国境内的贫困如何解决？说起来有些矛盾，我们庆祝脱贫的理由更少。可以肯定的是，当我还是孩子的时候，美国的穷人便像其他人一样获得了物质上的进步。毫无疑问，美国穷人比发展中国家的穷人生活得更舒适。但相对而言，我们在摆脱贫困方面取得的进步完全不够标准。当我们的价值观击退了全球贫困的时候，美国的贫困率却与林登·约翰逊时期相同，没有丝毫的下降。当美国式自由企业从根本上缓和了世界各地贫困的时候，我们在应对国内贫困方面却没有丝毫的进展。

更矛盾的是，被公众认为为国内脱贫出力最少的，恰恰是那些自由企业制度最忠实的捍卫者——那些发展中国家的脱贫英雄们。保守主义者天生就有创造人类繁荣的最有效的解决方法。我们的想法鼓舞了全世界的人。但美国人民却不相信我们会把这些原则付诸实践，以帮助那些需要帮助的人。

通往正确方向的曲折之路

一开始我并不是一个保守主义者，而是一个音乐家，放荡不羁的音乐家。我的家乡西雅图是美国最进步的城市之一。早期的生活让我成为一个地地道道的懒鬼，就是右翼分子爱开玩笑的那种。19 岁从大学退学，追求我的古典音乐梦想。在那些“代沟年”（我父母都是这么叫的）里，我走遍世界各地举办演唱会，每个月挣的钱也就刚够付房租，而我就这样穷开心着。

那时候我在追求什么？当然是幸福。快 30 岁的时候，我在巴塞罗那交响乐团拥有一份稳定的工作——吹法国号。我去西班牙是为了向一位名叫埃斯特的女孩求婚——她后来做了我的妻子。每天晚上在巴塞罗那，我演奏着最伟大的音乐作品。理论上说，我达到了我所期望的目标。我曾经把幸福定义为尽情追逐创作音乐和环游世界的梦想，那时我已经实现了这个梦想。

然而随着岁月的流逝，我意识到这并不是我想要的生活，我越来越不喜欢自己的事业。展望未来一二十年，我看不到丝毫来自事业的快乐。我想，我需要在年纪太大之前找到一份新的工作。不幸的是，对于没有受过高等教育的人来说，工作的机会并不多。有一天，我完成彩排走在回家的路上突然冒出一个想法：如果我放弃音乐，找一份“真正的工作”（这是我们这些音乐家对音乐之外的其他工作的称呼）

会怎么样呢？我开始盘算一个没有接受大学教育而且没有实际技能的人可以赚多少钱。盘算的结果太可怕了，于是我开始考虑重新上大学。

可是说起来容易做起来难，那是20世纪90年代初，正是大学费用急速上调的时期。对于像我这样一个20岁左右辍学的人来说，学校根本不提供奖学金。这使得我在回到美国之后，一边在一个小音乐学校里教法国号，一边在新泽西特伦顿的托马斯爱迪生州立学院报名参加“廉价”的本科函授课程。

我报名参加了数学、人类学和文学课程。让我非常震惊的是，我爱上了经济学。在这之前我根本没想到会发生这样的事。我记得高中时曾被迫参加一个愚蠢的能力测验，测试结果表明我最不适合的领域就是经济学。

但从我28岁学习经济学开始，它处处影响我的想法。我了解到市场力量最终将获得胜利，即使在我们不希望出现这样的结果的时候，而且好的意图也不能保证有好的结果。我还了解到即使通过一项法律来阻止我们不喜欢的事情发生，我们也不可能改变我们的行为。我明白了人是复杂的、会因为不同的激励出现不同的行为，这就是为什么会有那么多社会问题不能通过政府项目而得到解决。但最主要的是，我了解到美国式的民主资本主义正在改变世界——帮助数十亿的穷人改善他们的生活。

让我震惊的另一件事是，当我与我的音乐家朋友分享这个新发现的时候，我还了解到——这一发现让我成为一个“保守派”。

这个标签和我并不相配，尤其是当我比以往任何时候都更加理想化的时候。我读得越多学得越多，就越相信每个人——穷人、富人、少数民族、移民——都能够获得成功。我意识到只要美国在道德上有信心坚持自己的价值观，并与世界分享，那么自由企业就可以在极大范围内建立一个更美好、更人性化的世界。

如果因为这些我被称为“保守派”，我想，我接受。

渐渐地，我把职业生涯的探索转向这些不断前进的“保守主义”理想。我一边教音乐一边获得了经济学学士学位，继而获得公共政策学硕士学位和博士学位，之后的10年时间里，我教授经济学和社会企业家精神两门课程，大部分时间在雪城大学。（在学术界，与一些读者的想象相反，我从来没有因为我保守主义的观点而受到同事的责难。我的同事对我都非常友善和尊重。）

在雪城大学我一个学期教一个或两个班，其余时间用来做研究。我的研究很有趣，但有些还是挺深奥的。我有一篇名为“遗传算法与公共经济学”的文章刊登在《公共经济学理论》上，还有一本没有进入畅销书榜单的书，书名是《附加价值评估和网络艺术品拍卖赢家的诅咒》。

但是我研究的主要内容可以归纳为两点：慈善和幸福，这两点几乎每个人都关心。从两者的事例中，我发现这两点与政治思想有着惊人的联系。首先，我发现，保守派在纠正收入差异之后甚至比自由派更关注慈善事业。这种收入差异很大程度上是因为保守派中有宗教信仰的比自由派更多，但它仍然让我吃惊。其次，我发现我报告中的调查数据表明：平均而言，保守派比自由派更幸福。

这一发现引起了社会的广泛关注。保守派比自由派有幸福优势的说法被证明是有争议的，特别是在公众心目中保守派的形象就是一群铁石心肠的、藐视任何事情的、矫情的严格执行纪律者。这不是我想得到的结果，但数据违背了我的期望。

在过去的那些年里，我不只是一个幸福的学生，我尽我最大的努力去走我自己的路。每年我生日的那天我都会回顾检视我的生活，畅想我追求幸福的下一个10年。40岁的时候，我不能否认的是大多数事情都趋于完美：我有幸福的婚姻，三个孩子，还有我所推崇的学术工作。但是有一件事情是有遗憾的，那就是幸福的我并没能更好地影响别人。我仍然记得《国家地理》杂志上的那个小男孩，我也见到过美国国内那些生活中缺少自由企业制度的穷人。我想知道我该怎样用我所学的知识和热情来帮助他们。我意识到我自己对幸福的追求要求我必须加入到这场为更多的人追求幸福的斗争中来。

所以我为自己定下目标：到50岁的时候，我想成为一名美国企业研究所的学者，那里是保守主义知识分子运动的最高殿堂。美国企业研究所位于华盛顿特区，智囊团成立于1938年，网罗了一批美国最专业的学者为国家的政策制定出谋划策。可以想象如果一个智囊实验室都是些疯狂的公共政策专家，这个画面会多么令人抓狂。如果我真想做一些帮助别人的工作，我想那绝对是我实现理想的地方。

事实表明，我不得不等到44岁才完成我的目标，在证明了自由企业制度几乎可以使一切都成为可能之后，我这个大学辍学生、自由音乐家在2009年1月就任美国企业研究所的第十一任所长，比巴拉克·奥巴马总统的就职典礼早了三个星期。

就在几个月前，经济的几近崩溃让美国陷入经济紊乱，并使贫困、社会流动性、经济不平等的增长成为我们这个时代明确的问题。这也引发了对资本主义本身的广泛谴责。一场民粹主义[①]运动崛起，运动要求更大的经济调控，更高的税收，更多的再分配支出——而所有这些要求都是我们保守派所反对的。

作为资本主义的长期捍卫者，保守派一直处于守势。在过去的20

---

① 即平民主义，极端强调平民群众的价值和理想，把平民化和大众化做为所有政治运动和政治制度合法性的最终来源。——译者注

年里，我们的运动一直被资本主义战胜社会主义或者社会主义战胜资本主义的光芒所遮盖。但现在看来，似乎存在于我们经济现状中的弱点终于显现出来。

保守派会如何应对美国自由企业危机呢？答案将在很大程度上由我们美国企业研究所的工作决定。

保守主义悖论

在研究所掌舵期间的大多数时间里我都在募捐。研究所有个政策，不接受政府的任何资助，所有的支持都来自于私人捐赠。但我也被推到了华盛顿最热烈的政治辩论之中。除了大量的研究活动，并在媒体上露面外，研究所还定期直接与高层决策者接触，比如我们会定期为国会议员举办辩论训练和信息传送论坛，我便直接参与此类活动。我能够清楚地了解到他们是怎样决策的，以及他们是怎样为他们的政策辩护的。起初，我回到家都会兴奋地告诉埃斯特我今天碰到了谁。我像小孩子一样汇报说："实际上，我和参议院谁谁一起共进了午餐。"

"太棒了！"她会用典型的西班牙式的讽刺口吻回答，"他跟别人不一样吗？"

有时候有人问我，当我与这些平时只能在电视中看到的政治家们一起工作的时候，我对他们的信任是否摇摆不定。实际上我对他们的尊敬是不断增加的，而且还增加了很多，读者们看到这里一定会很吃惊。对于政治家们，人们是很容易持怀疑态度的。在我们生活的时代里，摧毁"高大上"已经成为一种扭曲的公众运动类型。但是成为议会的一员（或者竞选总统）是一项毁灭性的工作，认知需求是强烈的，旅行是惩罚性的，个人攻击是无情的。很难理解为什么会有人从事这样的工作。然而他们做了，而且薪水还不高。我想有些人只是喜欢特权和权力，但是与他们中很多人熟识之后，我敢说大多数人做这项工作是因为他们真心地热爱自己的国家。

慢慢地，与这些政治家们一起工作的新奇劲儿消退了，这时候我开始关注他们所面对的问题，特别是保守派的问题。我称这些问题为“保守主义悖论”。

如果你知道保守主义理想为提高穷人的地位做了那么多努力的话，那么你就会认为保守主义运动一定每天都会获得支持，不仅是获得富人或者持有传统道德观的美国人的支持，还有那些年轻的理想主义者、移民、少数民族，以及穷人的支持——所有这些人都将倡导一场新的保守主义运动，帮助那些美国最脆弱的人释放自己的力量。

除非你闭门不出，你知道这是不可能发生的。所以保守主义运动正在努力吸引新的支持者，而且有些人相信它必将走上社会民主欧洲保守主义的老路。

发展中国家自由企业的辉煌成果、美国国内穷困阶层的持续停滞不前以及保守派在美国众多地区政治上的不受欢迎，这三者之间的差异究竟是什么原因造成的呢？答案很简单：自由企业的拥护者们做了一件糟糕透顶的事情，那就是告诉人们这个制度为世界做出了多么大的贡献。2013 年的一项研究表明，84% 的美国人并没有意识到世界范围的贫困在过去的 30 年间急速缓和。实际上，超过 2/3 的美国人认为全球饥饿范围在扩大，这与事实是不相符的。[2] 资本主义已经拯救了数以亿计的穷人，而我们却把这样的奇迹当作是一个国家秘密。

还有比忽略更糟糕的事情吗？数百万的美国人相信美国梦是无法

企及的，并相信保守派根本就不在乎这些。他们看不到民主资本主义带给他们、他们的家庭以及那些穷人的好处，他们不相信自己的子女会过上比他们更宽裕的生活，他们看到的只是保守派对这些问题的漠不关心。

这是一场对美国特殊论的信任危机，也是对美国保守主义的信任危机。

我的外曾祖父母1890年第一次从丹麦漂洋过海来到纽约港，那时候，他们历经艰难险阻来到了这个每一个人——甚至是他们那样没有受过教育的穷人——都能获得成功的国家。他们也确实成功了，几年后他们在南达科他州拥有了自己的农场。虽然没有赚大钱，但是他们有了自己的生活，养育了12个孩子，信仰上帝，颐养天年。

很多人都有着相似的经历。事实上，我们中没有一个人来自资产阶层，从根本上说我们只是一群被遗弃的人。甚至是五月花号船上那些人和参加美国革命那些人的后代也都来自无以为生的欧洲下等阶层。

这就是为什么能动性成为美国梦重要组成部分的原因。其他国家有等级制度，有农民阶层，有永久富裕的人，也有一无所有的人。与之相反的是，美国文化为他们提供了一个拥有财富的机会。据我所知，我的曾曾祖父来到这里看看四周，感叹一句：“嗯，我猜我以后还会是一个下等人。”但是他没有感慨“住在美国就是好，在这里有一个更公平的收入再分配制度”。他只是为了自由和机会来到这里，在这里他的优点以及努力地工作是用来衡量他的价值的标准。

现在人们仍然这样，但是悲观主义阴影弥漫开来。很多普通的美国人相信我们充满机会和能动性的独特文化正在消失——我们国家独有的一个优点正在消亡。

每年盖洛普公司都会选一大批美国人作为样本进行研究，他会问他们："一般情况下，你对美国现在的发展形势是否满意呢？"[3] 2000年12月，46%的人说他们不满意——不满意率很高。到2014年12月，奥巴马建立的更公平、更富同情心的国家执政计划实施的第六年，这个比率已经飙升到了76%。

你看到的没错，4个美国人中就有3个人对美国不满意。

到底发生了什么导致这样的结果？犯罪案件没有增加；人们的寿命没有减少，事实上，人们的寿命更长了，而且生活更健康了。问题在于美国人开始认为局面被人操纵，美国梦并不适用于每个人了。

美国的基本规则应该是无论你从哪里出发，你只要努力工作、遵守规则，你就能成功。可能你不会变得富有，但是像建国者设想的那样，你能"追逐你的幸福"，拥有独立、有尊严的生活。

但是当美国人环顾四周的时候，他们看到了什么？美国穷人可能比非洲穷人生活得要宽裕一些，但是他们仍然贫困。大萧条之后，不对称复苏在美国划分出了赢家和输家，这在以前未曾发生。对那些生活在社会底层的人来说，工作消失了、对政府的依赖增强了、能动性减弱了。与此同时，富人更富了，过去7年收入增长的大部分都流向了美国最富有的人。

甚至中产阶级都感觉自己出局了。人们看到政府的亲信企业因为与政府的亲密关系而变得越来越富，看到大银行得到救助而小企业趋向倒闭，看到政府向那些处于高位的大公司提供贷款担保，但是他们从当地银行得到的回复却是"没有贷款可以提供给你"。

以下发布于2013年12月的描述可以说是对我们国家悲观主义的完美总结：

美国人民的无奈植根于他们每天与入不敷出的抗争中，无论

> 怎么努力制度都不利于他们的抱怨中，担心孩子不会比他们过得更好的恐惧中，以及奋发向上能动性的缺乏中。而能动性的缺乏已经妨害到了美国中产阶级的日常行为准则，这个准则是如果你努力工作，你就有机会出人头地。

你认为是谁发表了这段描述？本届政府的一个右翼批评者？一个靠抨击奥巴马总统任期内经济表现平平为自己竞选总统加分的政治野心家？

不，都不是。它来自奥巴马总统本人。

多么具有讽刺意味啊。虽然标榜自己是小人物的保护者——“99%的”小人物——政府却并没有帮助到最脆弱的人。随着穷人越来越穷，美国的两极分化也越来越严重。

在下文中我会用大量的事例来支持我的观点。但是现在，我只想说，政府表面上有利于穷人，对富人强硬的议程实际上已经使事情变得更糟。现在对于那些社会顶层的人来说有着前所未有的机遇和繁荣，但是对于那些社会底层的人，工作、升迁、取得成功的机会却正在消失。

但是如果在当今政府的领导下，数百万人的美国梦正在消亡，那么他们为什么不转向保守主义寻求更好的解决方式呢？

原因很简单：人们认为保守派根本不关心这些。最近的一项民意调查显示，56% 的美国人说他们认为“富有同情心”这个词是说共和党“一点也不好”，而 5% 认为这个词是说它“非常好”。[4] 如果把当选的共和党人、受薪员工、亲属从最终的数字中排除出去，那么它包含的人数可能约等于零。

美国人哪里来的这种想法？从他们的耳朵里，从他们听到的信息里，就是这样。

当美国人听“右翼人士”讨论问题，他们听到的是我们无休止地谈论债务、赤字、税收、支出和财政责任——由此得出结论，我们所关心的是钱；他们听到保守派政治家声明：在美国如果想获得成功，唯一要做的事情就是愿意努力工作——由此得出结论，我们不靠谱；他们听到一些共和党领袖把社会底层的人描述为“寄生虫”——由此得出结论，我们不关心他们苦苦挣扎的困境；他们听到我们抱怨“大政府”——由此得出结论，我们只是希望为亿万富翁降低税率。政治“左派”在脱贫的斗争中失败了，而且不只是在这届政府任期内如此，这个失败甚至可以追溯到几十年前。事实上，政治“右派”已经没有什么替代方法了，他们甚至经常否认存在贫困和机会不均等这样的问题。所以当总统说出指责自己的政策的话时，并没有得到真正的响应。

美国革新派一直坚持应该把注意力集中于穷人和弱势群体的困境上，我很佩服他们讲了出来，然而，正如我将在后面的章节中所阐明的那样，他们在这场斗争中失败是因为他们错误地判断了苦苦挣扎中的美国人所面对的问题。他们经常把工作当作惩罚，把奋斗中的人们看作是管理的对象，关注不公平的收入分配，却不关注不平等、不充足的机会。这样一来，革新派政治家便试图通过政府的再分配方案来帮助穷人，而这一方案往往使问题进一步恶化。这些干预减少了机会，降低了我们创造实际私营工作的能力，使更多的人依赖于国家，并有效地，甚至更迅速地加剧美国的两极分化。

如果我们保守派像我们自己认为的那样聪明，我们的运动就应该把这当成一个巨大的道德和政治机会。“看，”我们可以说，“其他人让穷人的境遇更糟了，这是不道德的。”然而，让人震惊的是我们没有那么做。

相反，大部分美国“右翼”的声明中都没有承认目前存在着贫穷和机会不足的危机——我们，从某些方面来说，已经处于两极分化中了。即使在保守派承认这一点后，许多人仍然通过暗示那些困境中的人们只是不想努力工作的离间方式来讨论问题。

当人们发现我在 AEI 主持工作时，他们开始经常发泄自己对华盛顿的不满。我已经数不清有多少次谈话都归结到同一个基本结论上了。许多人在评估政治局面的时候会看到两种选择：一个是狠心却务实的“右翼”党派，一个是轻率而富有同情心的“左翼”党派。美国人民是善良的，所以即使知道是一个烂选择，同情也总是会取得上风。这一点在艰难时期尤其适用。因此，政治“右翼”党输掉了竞选——而且，更重要的是，脆弱的美国人面临这样一个形势：华盛顿几乎没有人既能同情他们的困境，又能提出消除困境根源的政策。

保守派持有解决贫困和经济能动性问题的最佳方案，然而，因为我们没有采用能够反映我们内心的方式表达，许多美国人根本不信任我们，也不愿意给我们实施这些解决方案的机会。他们本能地知道过时的再分配主义参数会产生糟糕的结果，但他们认为他们没有合适的替代办法。所以穷人虽然不会饿死，但他们仍然很穷。这是完全不能接受的。

我认为贫困和机会是道德问题，必须加以解决。

我的一些保守派同胞都不愿意接受这一点。我经常会听到一些我们应该着眼于经济，而不是道德这样的言论，这是完全错误的，而且是一个错误的选择。经济问题就是道德问题，美国人不是实利主义[①]者，绝大多数美国人希望公共政策不仅是在经济上有效，而且于道义上也

① 一是要给人民带来实际利益；二是做事要追求利益不吃亏。——译者注

有效。提升弱势群体并给每个人提供成功的机会首先是同情和公平的问题，并且几乎100%的美国人都关心这些事情，正如纽约大学社会心理学家乔纳森·海特展示的那样，实际上每个人——左翼的和右翼的，年轻的和年老的，有信仰的和无信仰的——都有渴望同情和公平这种普世价值的“道德味蕾”。[5]

因此，当我们保守派在力图解决社会问题的过程中无法借助同情和公平的时候，我们就抢先放弃公众几乎完全支持的论点，这简直就是疯了。如果保守派想得到多数人的支持，想通过提升每个人来凝聚国家，那么我们需要在多数主义价值观中拥有一席之地。同情和公平就是多数主义价值观。

我们需要向自我认同的自由派学习，他们虽然只涵盖了1/4的人口，却大胆地宣称要为“99%”的穷人奋斗。革新派明白少数人为利益而战，而多数人是为人民而战。即使他们是政治上的少数派，他们仍认为自己进行的是一场旨在从根本上改变美国的多数主义社会运动。他们是成功的，因为保守派已经让出道德制高点、靠抱怨“左翼”在美国的糟糕表现来满足自己。

这种情形需要改变。美国“右翼”应该收复道德制高点，并把自己从一场抗议运动转变成社会运动，这个时机已经成熟。我们应该停止关注我们反对什么，大胆宣扬我们的主张。我们应该提出一个充满希望、乐观的执政议程，一个通过真正的保守策略提高全体人民特别是最弱势群体生活水平的执政议程。如果我们想要赢得选举，我们必须记得如何去表达我们事业的基本道德原则。

我们必须发起一场社会运动来保障每一个公民，不管他或她的社会地位如何，都有机会追求幸福，并获得成功。我们必须把每一个美国人当作可以代表被甩在后面的人的英雄。我们必须使我们的联盟成为美国政治中无可争议的同情和公平的道德至尊。这绝不意味着我们必须“左倾”或软化我们的信念。相反，我们必须在美国人民面前展示出我们对同情和公平的不同诠释，这种诠释是保守派心里的真实写照。

《美国式幸福》写了些什么?

令人难过的是，如今数以百万计的美国人认为保守派忘却了他们每天生活的困境。如果我们希望看到我们的运动方兴未艾，就必须改变这一现实。但在探讨我们如何做到这一点之前，先让我们花点时间思考一下在帮助他人这方面大多数保守派相信什么。忘记我们是如何在媒体上描绘的；忘记我们是如何笨拙地投入到公开辩论中去的。在《美国式幸福》这本书里我写了，我作为社会科学家的经验、我执掌AEI这些年的经历以及我与形形色色美国人的日常交往。

有一种普遍的误解，认为保守派是实利主义者。我们不是，这种误解是我们这个时代最主要的政治讽刺。革新派真想帮助穷人，却试图靠政府的钱解决贫困问题，把对文化的讨论当成过去式，并越来越关注收入不平等。为了自身利益而纠缠于再分配，同时用同情和公平的道德语言把这种纠缠巧妙地包装起来。这实际上是一种装扮成道德主义的功利主义。另外，尽管保守派经常会用关于税率和GDP增长这些暗淡的语言来阐述我们的观点，但是我们的理念却承载了有关人类尊严的独特的整体视角以及赢得成功和人类繁荣的条件。保守的心反对现代世界教导我们爱物质、利用人的论调。我们知道人的尊严比被人控制的财力有更深的根基。我们是穿着功利主义者的衣，怀着道德主义的心。

保守派为创业精神和典型的美国成功故事感到高兴的原因是道德希望，而不是对财富的贪求。当然2008年，奥巴马总统对“希望”谈论了很多，但许多美国人认为这是一个空头支票式的承诺，比政府要帮助那些挣扎度日的人的承诺大那么一点点。

能代表真正希望的是保守派，他们希望把权力和权力机构归还到普通人手中。不管人们挣多少钱，我们都歌颂自由企业、自力更生和伦理生活——这些都是美好生活的基础。

那么政府在帮助那些需要帮助的人时要起到什么作用呢？与我们经常听到的相反，绝大多数的保守派都赞成伟大的自由主义经济学家哈耶克和里根总统的观点——为真正贫困的人建立社会安全网是现代文明的伟大成就。

具有讽刺意味的是，我们之所以如此经常地要求限制政府，其中一个关键原因是财政挥霍已经严重威胁到了社会安全网。保守派知道，只有恢复财政稳健性才能保证安全网的偿付能力，并确保全面的紧缩政策不会对那些无法承受的人们造成巨大的痛苦。因为我们相信真正的安全网，所以一定要用财政纪律保护好它。除此，便别无他法。

此外，传统保守主义是使安全网对大多数人毫无必要的唯一途径。只有机遇文化，再辅以教育改革、私营就业机会和创业政策议程，才能真正推动人的蓬勃发展。

那么，为什么保守派们经常抱怨安全网呢？因为按照目前的运作模式，它并没有指导公民如何创造有意义有尊严的生活。保守派对穷人的要求远不是生存和依赖，因此保守派对成功的定义是如何让需要政府项目帮助的人数降到最低，而不是有多少人可以报名申请政府资助。我们已经看到了申请美国联邦营养援助（“粮票”）的美国人数量在近几年是如何急剧增长的。有些人看到这些数字，就感觉看到了成功，他们会说，“嘿，你看！我们在帮助这些人！是不是很厉害呢？”但是知道真相的保守派对此持怀疑态度，“大萧条结束 5 年了，依靠‘粮票’生活的美国人比大萧条结束时增加了 60% 还多。这不是成功，是失败。”

保守派明白，真正的同情没有柔和的表达方式，真正的同情是外表如钢铁，内心如硬核的。真正的同情是告诉一个朋友，“如果你不停止使用药物，我不能帮你”，或者，“如果你不支付子女抚养费，我不能帮你”。这就意味着我们只帮助那些随时准备帮助自己的人。他们准备好的时候，就意味着提供能真正有效地帮助这个人的活动开始了。虽然我们有时不能很好地表达我们的观点，但是它不同于认为必须管理贫困人口的普遍观点。保守派在根本上把穷人当作需要被唤醒的正在蛰伏的力量。穷人不是需要慈善的社会负担，他们是未开发的实力和发展来源，只需要我们在他们建立自己的生活的时候持有乐观的态度和信心去帮助他们。慈善很重要，但是穷人真正需要的是投资。这就是为什么保守派坚持以工作为中心去解决贫困问题，为什么这本书的主旨是工作。正如我将深入讲解的那样，现在世界有两种人：一种是觉得工作是一种惩罚的人，一种是觉得工作是一种福气的人。

保守派显然属于第二阵营。这就是为什么我们佩服辛勤工作、劝诫懈怠的人，支持诸如有工作要求的福利政策。据我们了解，当社会允许人们为社会救助而工作时，我们可以双倍帮助他们。首先，通过福利，我们帮助他们满足眼前的物质需求；其次，通过工作，我们帮助他们获得成功——这是拥有充实而有尊严生活的关键。

顺便说一下，我们也相信获得成功是人们想要的。人们通常不满足于只给他们免费的东西。让每一个美国人赢得他或她自己的成功是保守运动的使命——这是我们存在的必然原因。

但工作的福祉远远不止缓解贫困这一点。保守派明白——而且必须坚持不懈地主张——有意义的工作并不仅限于要付出很多努力并要求大学本科学历的工作。每一个创造价值的人，不管是风险投资家，庭院设计师还是全职妈妈，都在从事能够创造卓越价值的有意义的工作，保守派知道这点。与漫画描绘的相反，大部分人知道大多数落在后面的人都不是故意这样做的。核心问题不在于有太多的人“拿走”公众的支持，而是太多的人缺少一个谋生的真正机会。美国不断变化的经济结构，经济大萧条，以及近年来的政策共同导致他们一蹶不振。作为保守派，我们的工作就是捍卫他们的权益。

在去往美国各地的旅途中，我也遇到过数以千计的保守派活动家。一次又一次给我留下深刻印象的是他们是如何把原则和行动深深植根于对美国的热爱以及让这个国家回归本质的愿望中去的，美国应该是一个充满机会的国家，一个任何人都可以通过努力工作和决心获得成功的杰出的国家，一个无论我们来自哪里都可以称之为目的地的国家，一个为全世界提供希望和机会的灯塔。美国曾经是这样的国家，也可以再次成为这样一个国家。

重建这样的美国——这个愿望鼓舞着保守的心。

我知道有些读者可能会有疑问。这种对保守的心的描述不就是几个总统任期之前就有的老概念——“富有同情心的保守主义”吗?

不是。撇开许多政策问题不说，“富有同情心的保守主义”本身就有问题。它只是印证了那些声称保守派本质上是冷酷无情的错误说法。它把“同情”嫁接到保守主义上，使之像一个不自然的附属物。

这是一个重大的错误。虽然我们没有成功地把我们的理念传达给公众，但是来自乐观的信念——每个人都是有价值的、都能够获得成功的信条——在本质上却是彻彻底底“富有同情心”的。

一个真正冷酷无情的世界观是这样的：它会向人们和整个社会认输。它会不加任何印证地假定有一部分人根本无法成功，他们源源不断地寻求政府的支持以维持基本的生活水平，却总是不满意。建立在自由企业、真正的希望、获得的成功基础上的运动看透了这个懒惰的虚无主义[①]——并拒绝了它。

不，我们不应该赞同把“同情”说成是保守派新思路的论调。这就是为什么我要把本书命名为《美国式幸福》。对于美国式幸福来说，没有任何辅助条件，没有预先的筛选，不会间断，我们的目标不是磨平保守主义的棱角或抛弃自己的原则；不是鼓吹“大政府保守主义”，也不是为稍稍换了一套管理顾问其余都依然如故的老旧经济秩序当托儿。

我们的目标是向世界解释什么是真正保守的心，是重申我们在这场我们发起的运动中所必须承担的同情和公平的责任，是让对幸福的追求成为每一个美国人的现实，是重新思考公共政策以使每一个被甩在后面的人都能得到工作和机会。

---

① 虚无主义在哲学意义上认为世界，特别是人类的存在没有意义、目的以及可理解的真相及最本质价值。——译者注

前方的路

1953年，罗素·柯克出版《保守主义的心灵》一书的时候，保守派被广泛斥责为反智识主义①的反动分子。正如一位著名的进步思想家所说的那样，保守派只知道那些“寻求类似想法的急躁心理手势”。[6]柯克揭露了这个谎言。他指出，现代保守主义是建立在丰富的哲学传统之上的，这一哲学传统可以追溯到至少两个世纪之前英国哲学家和政治家伯克的著作。

如今，由于柯克和其他保守派知识分子的贡献，美国人不再怀疑保守思想的严谨性，他们怀疑的是保守派的同情心。现在是时候纠正这种错误观念了，我们要凝聚起所有推动这场新社会运动的保守派，重塑美国对每一个公民的承诺。

在之后的章节中，我将解释我们如何组织这个新的保守主义社会运动。我们将揭示人类幸福的真相，我们将研究这些真相是如何通过拙劣的政府政策和误导的文化而被数以百万计的美国人忽略的，我们将学习通过打开思想、把人们团结在我们事业周围的方式与人们分享人文保守主义。（如果你赶时间，可以翻到最后一章，它会告诉你理解这本书所有想法的7个秘密。）

这本书里将有大量的数据，以及许多丰富多彩的人物事例。我们会看到神经学家、无家可归的人、参议员、亿万富翁以及一个身无分

① 分为两个互为关涉的部分：一方面是对于智性本身的憎恨和怀疑，认为智性及由智性而来的知识、学问对于人生皆有害无益；另一方面则是对于代表智性的知识分子表现一种轻视以至敌视的态度。——译者注

文的印度斯瓦米（哲人）。他们会帮助我们了解我们相信什么以及如何与他人分享。

在开始我们的旅程之后，我们会发现美国最需要的不是一系列新型法律。这不是说要废除腐朽政策或是更换已当选的领导人——虽然这两种做法也可能会让世界变好。美国需要的是一种统一的、积极的、有抱负的力量席卷我们的国家。美国保守派将有一代人成为这种力量。我们会做一种尝试，如果我们付出努力，在这个过程中帮助每一个美国人建立更美好的生活并让我们的国家团结起来。

可以这么说，这本书是送给那些迫切希望推动我们运动的忠诚的保守派的。但它又不仅仅是某一派的政治路线图。这本书不只是为“真正的信徒”而写，也为那些从激励他们的任何一方都看不到希望的思想上不结盟、不满的人们所写。这本书也真诚地送给那些开明的自由派，他们知道在与贫困做斗争的过程中，我们的国家将受益于新的激情和新的思路。

总之，对于形形色色的自由思想者来说，《美国式幸福》是一本关于人类繁荣的书。这本书也献给那些在道义上感觉有义务给每个美国人提供一个更好的机会，让他们过上幸福而有意义生活的人。

第一章

美国人对幸福的追求：为什么它会成为保守的心的根本体现

我们对保守的心的探索从哪里开始呢？[1]

当被问及如何给予人民帮助，很多人，尤其是那些在华盛顿特区的人——都会把话题转向政策附属品：税收、支出或保障网。但是，这不是正确的出发点，这么说并不是因为这些事情无关紧要，而是因为它们只是工具而已。即使是就业和经济增长这些我们误以为是基本目标的东西，实际上也只是一种工具。我们必须深入探寻对我们而言本质上真正重要的东西，一种所有人都想要，同时可以把所有人团结起来的东西。

幸运的是，我们知道去哪里找。建国者们在阐述国家使命时清楚地解释了美国的道德目的。《独立宣言》定义了美国发展的中心，也是整个美利坚合众国的核心，那就是：追求幸福。

宣言中，托马斯·杰斐逊坚持认为，通往有意义生活的征程同生命与自由一样重要。他宣称这是每个人不可剥夺的权利，并认为这一权利是上帝赋予的。起草宣言几十年后，杰斐逊仍然认为宣言中的内容是“美国思想的体现”。[2] 更准确地说，我认为，对幸福的追求是美国心的体现。它必然会成为保守的心的根本体现。为什么？

首先，因为误导政策和不友善的文化，太多的美国人被剥夺了追求幸福的权利。比如，保守派抱怨“大政府”时，他们是真的对被国家对人们生活的侵犯以及由此造成的摧毁心灵的依赖性感到愤怒，而这两者都是与追求幸福不相容的。当保守派抱怨文化与努力工作、组成家庭等价值观越来越敌对的时候，他们是真的愤怒于这些价值观带给那些最需要的人——穷人和年轻人——的幸福被剥夺了。

其次，要迎接这些挑战，为了那些需要我们的人，我们不仅要成为勇士，而且我们一定要成为幸福的勇士。如今，美国有很多事使我们抓狂，但我们绝不能忘记，我们的事业是令人欣喜的。保守派应该是相信人民的乐观主义者。我们崇尚希望和机会，为人民而战，帮助那些需要我们的人，拯救国家—— 这是一项幸福的工作。

总之，美国的建国者认为，幸福是美国发展的中心；如今太多的美国人被剥夺了追求幸福的权利；保守的心应该是争取幸福的心。

所以幸福就是我们旅程的起点，从这里出发，我们将为人们创建更美好的生活。

幸福投资组合

如果满分是 10 分，你的幸福指数是多少？用这种方法来测量，听起来好像很疯狂，但是研究幸福的心理学家和经济学家已经使用这种方法很多年了。最为丰富的数据来自芝加哥大学的综合社会调查，这是一项从 1972 年以来一直针对美国人进行的调查。

研究人员认为，这些结果准确可信，幸福指数随着时间的推移出奇地一致。在这项每隔一年进行一次、持续了 40 年的调查中：大约有 1/3 的美国人表示，他们“非常幸福”，近一半的人表示“比较幸福”，只有 10%~15% 的人明确表示他们“不幸福”。[3]

现在，这些平均数掩盖了一些有趣的差异。多年来，研究人员发现，通常，女性比男性更快乐，尽管现在差距在逐渐缩小。[4] 通常情况下，单身女性比单身男性更幸福；已婚女性比已婚男性更幸福；丧偶女性比丧偶男性更幸福。（我的妻子对最后一点感到非常意外。）

事实证明，保守派女性特别幸福：约 40% 的人说她们很幸福。[5] 这表明她们比保守派男性更幸福一点，而比起自由派女性，她们就幸福得多了。最不幸福的是自由派男性，只有约 1/5 的人认为自己很快乐。

但是，正如我们每一个人都可以证明的那样，再相似的两个人也不太可能具有相同的幸福感。我们无法从填写人口财产普查表的方式上预测我们的生活满意度。而这却是我们了解三个关键幸福来源的渠道。

幸福的第一个关键来源是我们的基因。在一项特别有趣的研究中，研究者跟踪研究了一对双胞胎的生活，这对双胞胎在婴儿时期就分开了——在不同的家庭中长大。[6] 这些研究人员通过观察这对在不同环境中成长的基因复合体帮助我们厘清了天性与成长环境的关系。

当这些研究着眼于双胞胎的幸福指数时，他们得到了一个令人惊讶的结果，那就是不幸福指数一半归咎于父母。坦率地说，如果你像我一样沉迷于独自生活的想法，你可能会觉得稍有不安，因为在我们任何时候都能感觉到的幸福感中，一个惊人的比例——约 48%——似乎是由我们的基因构成所驱动的。[7]

幸福的第二个主要驱动力是那些改变我们生活的事件——大的一次性事件，不论是好事还是坏事：获得梦寐以求的工作，打开一所好大学的录取通知书，或者成为牺牲品，遇到一个糟糕的意外。研究表明，这类事件确实影响了我们部分的幸福感——在任何时候都能占到约 40%。[8]

如果这 40% 的幸福是永久的，那么幸福的秘诀就清楚了。这就是——就像许多自我完善大师传授的那样——制定和完成伟大的目标。“想想那些让你感动，并为之努力的事情吧！”我们需要知道这些事情。

但是，仅仅知道是不够的，因为每个特定事件的影响被证明是非常短暂的。把这 40% 想象成一扇可以延伸到未来 6 个月的移动窗口。如果你到了一个阳光灿烂的地方，工作得到了大大的提升，或者看着你心爱的球队赢得了世界大赛，这确实是一次与幸福的碰撞。但是想象一下如果它消失了——而且是很快地消失，会怎么样呢？如果你搬到加州，你会因为有几个月的好天气感到更幸福。在这之后，你可能会面临高税收及沉重的抵押贷款，这时你会质问自己是否要离开克利夫兰。

然而，事实不如想象的那么糟糕。这个移动窗口也可以增强我们的应变能力，帮助我们从过去的创伤中恢复过来。在一个卓越而著名的研究中，研究人员观察了看似截然不同的研究对象：彩票中奖者和截瘫患者，[9]研究人员发现，彩票中奖半年后，出于实用的目的，这些中奖者目前的幸福感与对照组没有区别，而且根据研究，比起对照组和那些截瘫患者，中奖者从日常琐事中得到的幸福感要少一些。最后，在他们憧憬未来的幸福时，幸福感最强的居然是截瘫患者。

你可能会觉得这真是令人难以置信。甚至会想自己宁死也不愿失去活动能力。但如果这样的事情真发生在你身上，最终你还会是你，而不是外界环境的总和。这是一个美丽的、鼓舞人心的事情。

所以这个消息并不全是坏事，但它确实强加给我们一个重要的限制。这意味着依靠一些事情让我们幸福是非常糟糕的策略。正如我们将要看到的，就其本身而言，朝着巨大的目标努力奋斗是值得的，但是就成就而言呢？几乎没有任何一次性的成就可以永久地提升幸福感。幸福的秘诀绝不是抓住你所能找到的最大的铜戒指。实际上，很快我就会告诉你这个策略甚至会提高你的不幸福感指数。

48% 的幸福感来自基因，40% 来自生活琐事，这样只剩下了 12%，听起来好像没有多少，但是我们可以——也必须把这 12% 的幸福感掌握在我们自己手中。

对我而言，没有什么事情比我朋友处理坏消息的方式更能说明这一点了。在我们 30 多岁，刚获得博士学位的时候，他从医生那里得到一个灾难性的诊断，他患有当时还无法治愈的先天性心脏病，只剩大约 15 年的寿命。

我的朋友确实于两年前去世了，享年 50 岁。他是如何度过他最后 15 年的？他没有坐在家里闷闷不乐或变得沮丧，这样做是可以理解的。但他决定在这 15 年中把他原以为会拥有的 45 年所做的事做完，这是我所见过的最让人惊奇的事情。他说：“我要成为一个更体贴的丈夫，更慈祥的父亲，更称职的教授和更好的公民。”他觉得有责任把他关心的事情做得更好，而且是快速地做好。一天下班回到家，他把想法告诉了他的妻子：“我们从来没有去过伊斯坦布尔！我们去吧！”之后他们便去了那儿。

多少人心中都有一个想与心爱的人去参观的地方？又有多少人能够真正成行？他做到了。他和他的妻子决定要生很多孩子——他做到了。15 年里他尽心尽力地过好每一天，所完成的事情是大多数人花 4 倍的时间也完不成的。他紧紧地抓住了自己的幸福。

我朋友的情况实际上跟我们所有人的情况是一样的，我们最好不要浪费这 12% 的幸福。事实上掌握我们 12% 的幸福的，不是政府，不是富人——是我们自己。

值得高兴的是，我们知道该怎么掌握与幸福最大化最相关的四个值——信仰、家庭、友谊和有意义的工作。可以称为“幸福投资组合”，追求这些就是追求幸福。

关于信仰、家庭、友谊能增加幸福感和生活意义的学术证据有很多，使得这个结论没有争议也就不足为奇了。没有人会在临终前遗憾地叹气，说：“我简直不敢相信我浪费了那么多时间与我的妻子和孩子在一起”，“情愿在厨房里做饭”或者“在臆想中成长”。也没有人会说，“我应该花更多的时间看电视，在手机上玩‘愤怒的小鸟’。”在我的生活中，没有什么比信仰和家人的爱让我的生活更有意义的了。

然而，工作看起来没有那么直观。许多人认为，即使他们喜欢自己的工作——无论是市场工作、志愿者工作，还是留在家里照顾孩子——其他人可能不喜欢。按照大众的说法，我们的工作都是纯粹的苦差事。可是看《呆伯特》(美国漫画)和《办公室》(英国喜剧)时，我们都爱笑，可能在一段时间内，所有人都会同情 1999 年的伟大喜剧《上班一条虫》中的人物，他们用一根棒球棒循规蹈矩地破坏他们的大敌——工作场所的打印机。然而奇怪的是，当研究人员问美国人到底有多喜欢自己的工作时，超过 50% 的人认为，综合考虑，他们对工作“完全满意”或“非常满意”，如果包括“比较满意”，则会超过 80%。[10] 这不是教育水平和职业声望造成的，他们是否上过大学并不重要，他们的工资是多少也不重要，对冲基金经理和割草员同样有可能说他们喜欢自己的工作。

对工作的热爱会上升到对生活的热爱，我的统计分析表明，那些认为工作成功的美国人说自己非常快乐的可能性是那些认为工作不成功的人的两倍。[11]

这不是金钱的问题。的确，当人们正在挨饿或挣扎的时候，有更多的金钱可以减轻日常生活的压力。它会消除痛苦的选择，比如不得不在支付租金与获得足够的食物之间做出选择。但这仍存在一个隐患：事实证明，在压力减轻之后，更多金钱所买到的幸福所得就趋于稳定了。研究表明，一旦人们的收入水平超过了一般中产阶层的收入水平，即使大的财政收益也不会——如果有的话——增加幸福感。[12] 事实上，专注于资金本身反而会带来痛苦。

工作中的幸福回报不是来自金钱，而是来自我们和他人生活中创造的价值——那种被认可和奖励的价值，也就是我们所说的赢得了成功。富兰克林·罗斯福总统给了它一个恰当的定义：“幸福不在于拥有金钱，而在于获得成就时的喜悦以及产生创造力的激情。”幸福的秘诀就是通过脚踏实地地工作取得成功。

当弗雷德里克·道格拉斯极力倡导“全身心投入到耐心、持久、诚信、坚持不懈和不知疲倦的工作”时，他说的就是获得成功。这是美国理想的核心—— 一个从我们的祖先那里继承下来的概念。

人们抓住这个本质。近 3/4 的美国人说即使是获得一笔意外之财可以让他们奢侈地度过后半生，他们也不会放弃自己的工作。在这个令人吃惊的扭转中，实际上只有那些未接受教育、收入低、工作不起眼的人，才最有可能说即使他们不需要工作了，他们也会继续。[13]而精英们更有可能说，他们会拿着这笔意外之财进行运作。

工作与幸福之间的逆向关系也是如此，笔者认为缺乏工作就意味着缺乏幸福。在后面的章节中，我们将探讨失业率给人类尊严带来的毁灭性打击。但先给出一个预示：人们失去工作后，即使政府的援助可以缓解无薪水的压力，而失业对于幸福也有着灾难性的打击，这是事实可以证明的。[14]例如，研究表明失业增加了离婚率和自杀率，甚至会使疾病更严重。[15]

这就是说，是否能获得成功往往与拥有财富的多少无关。你可以选择用任何币种来测量获得的成功，如果你喜欢，你可以用美元来计算，你也可以用接受良好教育的孩子，被保护的天然栖息地，被拯救的灵魂来计算。在我做研究生导师的时候，那些进行非营利性事业的社会企业家是最快乐的学生。与商学院的很多同学相比，他们挣的钱少，但他们认为他们正在获得成功。他们用非货币的词语诠释这种成功，并自得其乐。

综上所述，要追求触手可及的幸福，我们应尽最大努力把自己投入到信仰、家庭、友谊以及通过工作而获得的成功中去。这就是我们的幸福投资组合。

你知道吗？这听起来像是一个保守宣言。

要记住的公式

也许你会认为我匆忙地跳过了金钱和与之相关的世俗回报——名

誉、权力、性等。毕竟，如果它们对幸福而言没什么大不了的话，人们也不会为了得到它们而拼死拼活的，不是吗？

让我们去西班牙见识一个可以帮助我们把这个问题弄清楚的人吧！

阿卜杜勒·拉赫曼三世（Abd-ar-Rahman III）出生于公元 891 年。在他 20 岁出头时就成为科尔多瓦的埃米尔（对穆斯林统治者的尊称），接下来的 50 年他成了那个时代最强大的统治者之一。他建造了令人难以置信的宫殿和富丽堂皇的清真寺，建立了一支强大的海军，打败了叛乱者，巩固了在西班牙持续了数世纪的穆斯林力量。他强大到可以自称哈里发——全世界所有穆斯林的领导者。

这个绝对的统治者过着富裕和奢侈的生活，据说，他的后宫有 6 000 名女子。[16]金钱、权力、名声、享乐，他应有尽有。他一定是在幸福之中，不是吗？下面是他自己的说法：

> 在胜利或和平中我已经统治超过 50 年了，臣民爱戴我，敌人害怕我，盟友尊敬我，财富、荣誉、权力和享乐随时等待我的召唤，但似乎没有任何世俗的祝福降临到我的幸福中。

听起来不错，对吧？但继续看下去。阿卜杜勒·拉赫曼继续描述他的想法：

> 在这种情况下，我努力地计算着至纯至真的幸福来到我身边的日子：已经升至 14 天了。[17]

这个世界上最富有、最强大的人只有 14 天快乐的日子？其实，阿卜杜勒·拉赫曼的问题实际上不是幸福（尽管他坚持认为是），而是不幸福。

这个区分听起来没什么差别吗？如果是这样，你可能和这个伟大的埃米尔有同样的问题，目前，许多人都有同样的问题。但是，我们都能够利用常识避免降临到身上的痛苦，并帮助他人也这样做。

那么到底什么是不幸福？凭直觉，你可能会认为不幸福就是幸福的反义词，如黑暗就是没有光一样，其实这是不对的。快乐与不快乐确实是相关的，却不是完全对立的。

大脑图像显示，当我们处在幸福之中时，左侧的大脑皮层部分会比右侧更活跃，而我们不幸福时，右侧会更活跃。它们是截然不同的现象。所以，就像它看起来那样奇怪，比平均水平更快乐并不意味着一个人不能比平均水平更不快乐。一个常见的快乐和不快乐测试被称为 PANAS（积极情感与消极情感量表）。我自己测了一下，你也可以试试。[18] 我发现，对于幸福而言，我在我的同龄、同性别、同职业、同学历的人中是佼佼者，但是在不幸福方面分数也很高，这证明，我是一个开朗的忧郁者。

所以，当人们对他们的生活表达不满时，不管他们是否意识到这一点，他们都只是在做加减法。他们基本上都在说："我的幸福感是 X，我的不幸福感是 Y，Y 大于 X。"这使得我们提出一个新问题。如果避免不幸福不能等同于追求幸福，我们怎么能避免呢？如果你问一个不快乐的人，他为什么不开心，在一般情况下，他通常会怪罪周围的环境。有些人受到压迫、贫穷或有身体疾病，致使他们的生活一团糟。毫无疑问，研究发现种族主义会造成孩子的不幸福，[19] 许多学术研究都表明不幸福和贫困之间有着明显的关联。[20]

造成不幸福的还有一些小的间接来源。普林斯顿大学的研究人员发现，在特定的某一天引起不幸福的头号事件是花大把时间与自己的老板待在一起[21]（作为一个老板，这对我来说不是个好消息）。

环境确实起了一定的作用。毫无疑问，阿卜杜勒·拉赫曼本来可以提出自己生活中这样一些因素。但矛盾的是，他不幸福的一个更好的解释可能是他自己对满意度的追求，这与如今世界提供给我们的错误追求极其相似。

你了解酗酒者吗？他们一般通过饮酒来减轻渴求或焦虑——换句话说，减弱不幸福的根源。然而，最终延长他们痛苦的正是饮酒。这一规则同样适用于阿卜杜勒·拉赫曼。他对名声、财富和享乐的追逐形成了一个恶性循环。

先说名声。2009 年，罗切斯特大学的研究人员进行了一项研究，跟踪观察 147 名毕业生在实现自己目标过程中的发展。[22] 此前他们中一部分人曾描述过“内在”目标，如发展进一步的、持久的关系；另一部分人有“外在”目标，如建立良好的信誉或声誉。

研究结果是研究对象都实现了其既定目标，他们基本上都得到了他们想要的。但是我们要研究的是幸福，那些拥有内在目标的校友生活更幸福，而那些目标里包含财富和形象的校友却并不幸福。那些完成自己外在目标的人经历了更多的负面情绪，比如羞耻和愤怒，甚至遭受更多的身体病痛，如头痛、胃痛以及精力缺失。

这是生命中最残酷的讽刺之一。我所见过的最不幸的人是那些不遗余力地进行自我扩张的人——权威人士、电视中的高谈阔论者、媒体里自以为无所不知的人。他们时刻建立和推广自己的形象，但大部分时间却感觉很糟糕。

下面谈一谈名声的悖论。名声就像毒品和酒精一样，一旦上瘾，你的生活就不能没有它了，但你也无法忍受它。根据心理学家唐娜·罗克韦尔的研究，一些名人认为成名带来了“隐私的严重丧失”和“信任的失落”[23]，但他们仍不能放弃。

然而处于危险中的不仅仅是名人，大众对名声的冲动也产生了一些惊人的创新。一个是电视真人秀，在节目中普通百姓将他们每一天的生活变成展示给别人看的表演。为什么？“被注意，被需要，被人爱，走进一个地方，都会有人关心你在做什么，甚至关心你中午吃的是什么：在我看来，这就是人们想要的。”这些话出自之前红遍全球的真人秀节目《老大哥》中一个26岁的参与者。

然后就是社会化媒体。如今因为有了脸书、YouTube、推特之类的社会媒介，我们每个人都可以建立个人的粉丝基地。我们可以通过惊人、有效的方式向朋友和陌生人传递我们生活中的诸多细节。这对于保持与朋友的联系是有利的，但是也让每个人找到了追求人气的最佳方式。有证据证实了这种方式“可能是不幸的根源”。

这说得通。你最后一次看到有人在脸书上诚实地表达自己的消极情绪是什么时候？“我的老板刚刚骂我懒！”“我的妻子觉得我对她已经失去吸引力了，因为我开始秃顶了！”“我的孩子数学考试不及格！”事实是，每个人都把自己与朋友徒步旅行的微笑自拍照发上去，他们构建了一种虚假的生活，至少是一种不完整的生活，然后与他人共享。

这样一来，其他人只能分享媒体“朋友”不完整的生活——然后把他们的幻想与我们的现实做比较。你想想看，这是一个有趣的体验：我们花了一部分时间假装比现实中的我们更快乐，而另一部分时间则用来观察别人到底比我们快乐多少。

骄傲是一个强大的毒素，另一个典型享乐主义快感——情欲——也是这样。从好莱坞到大学校园，在“开放”的人当中日益增长的假设是，性是内在的解放，性多样性是正常和良好的。

这个假设实际上有一个名字，我们可以称它为“柯立芝效应”——是的，它是以美国第三十届总统的名字命名的。故事（可能是杜撰的）开始于沉默的卡尔（约翰·卡尔文·柯立芝总统）和夫人参观一个家禽养殖场。第一夫人看到这么少的公鸡很惊讶，便问这么多卵子是如何受精的，农场主告诉她，那些强壮的公鸡每天执行职责几十次。“也许你可以告诉柯立芝先生这一点”，据说她是开玩笑说的。

总统听到此话后，便开始了自己的询问。他问农场主公鸡是否每次都为同一只母鸡服务。农场主告诉他不是，每一只公鸡都为很多只母鸡服务，“也许你应该向柯立芝夫人说明这一点”，总统说。

也许那些公鸡是幸福的，但就像现代文化喜欢暗示一样，同样的道理也适用于我们吗？

并不适用，这不是我的道德观点，而是经验证据告诉我们的。2004 年，两位经济学家决定分析性多样化是否会引发更大的幸福。他们调查了约 16 000 名成年美国人，以私密的方式询问他们在之前一年里有多少性伴侣，以及感觉到的幸福程度。[24] 通过对数量相似的男人和女人进行调查，得出的数据表明研究人员可以分辨以幸福为目标的合作伙伴的最佳数量。

答案是：一个（而阿卜杜勒·拉赫曼却有大约 5 999 个那么多。）

如果满足以自我为本位的思想和物质都是陷阱，又何谈财富和奢侈品？我们已经了解到，金钱只能买到一定限度的幸福，请记住，额外的收入只能迅速提升穷人的幸福，摆脱贫困，加入中产阶级可以解决一大堆问题。但是，在最低生活水平之上，即使是少量的幸福，也需要收入的大幅增加。著名的心理学家丹尼尔·卡尼曼（Daniel Kahneman）认真记录了（一户四口之家）当年收入大于 75 000 美元时，美元是如何无法购买任何快乐的。[25] 从中产阶级上升到富人阶层，金钱不会解决留给你的任何问题。

认真考虑这个问题。几乎可以肯定的是，在这一层次上，留给你的所有问题都是金钱无法解决的。你的所得从 75 000 美元上涨到 125 000 美元，你的妻子或丈夫不会喜欢你更多，你的孩子不会突然远离麻烦，你也不会与神建立更好的关系。

此外，你可以买到的新东西很可能最终被证明是你不满意的。我的一个亲密的朋友，一位拥有巨大财富的企业家，就是这么跟我说的。不用说，对此我有点怀疑。“你真的想让我相信，如果我有 10 亿美元也不能买到超值的东西吗？”我问他。他给我讲了一个故事作为回答。

他拼命工作准备开公司的时候，账户里几乎没有一分钱，为了让自己继续努力，他许下一个诺言：“如果我最后成功了，我要做的第一件事是买一辆奔驰。用现金！”直到有一天，他意识到自己成功了。他可以买奔驰了，于是直奔经销店，结果他发现了什么？“奔驰确实是好车，但是它真的不如我那辆旧本田。”

即使人们变得富有，他们也从来不觉得自己“有”。这是一个非常人性化现象的反映，这种现象被称为“快乐水车”①，也就是我们的预期加速上升到与我们的资源配合得几乎天衣无缝。人类天性贪婪。关于这一现象的研究表明，不管人们赚多少钱，他们都会说他们需要比“足够”的收入多 40% 以上，你开始赚 10 万美元的时候，你就会相信你实际上需要 14 万美元。[26]

① 传统以 GDP 为核心的统计，建立在效用最大化假设的基础上，认为有钱就快乐，增长就幸福。卡尼曼、黄有光等行为经济学家的研究却一致表明，经济和社会发展到一定阶段，物质和货币的增长与幸福的关系就渐行渐远了，即所谓的“有钱不快乐”现象。——译者注

卡尼曼的另外一个研究结果甚至比 75 000 美元之槛更有趣，他发现，即使实际的幸福水平已经稳定下来，我们相信自己应该更快乐的信念也会随着钱数的增加而愈加坚定。我们用一个告诉我们钱数越多越好的社会概念来定义幸福，并紧抓着这个概念不放，即使这已经无法描述我们真实的情感体验。这种巨大的坚定不会给你带来多少额外的快乐，但你的理智告诉你，你应该更幸福——毕竟你做得比社会标准好。

因此，对本书的大多数读者来说，更多的金钱真的不能买到幸福。而且更糟糕的是，仅仅是因为金钱对幸福感的影响不大，并不意味着它不能引发不幸福——记住，幸福和不幸福不只是对立的。当我们迷恋金钱，把金钱作为目的时，我们都知道金钱可以产生痛苦。关于物欲享乐主义的描述没有人比写《第一封信给提摩太》的圣保罗（St. Paul）更著名的了，他说："对金钱的热爱是万恶之源：当一些人贪恋金钱的时候，他们就背离了自己的信仰，把自己置于万千悲苦之中。"

这些观点看似稍有矛盾。毕竟，我们都受到明确的驱使去积累物质财富、谋求名利、寻找乐趣，寻求这些东西是我们的天性，事实是，这些东西给我们的是不幸福而不是幸福。

总之，我们进化的缆绳已经穿梭其中。假设吸引我们的事情会减轻我们的痛苦，提高我们的幸福感，我的直觉告诉我要"变得富有，变得有名"，同时也告诉我不幸福是很糟糕的。所以我把两者混在一起，认定变得富有、变得有名可以让我少一点不幸福。

但是自然母亲残忍地做了个恶作剧，她不管你是不是不幸福，她只想让你继续传递你的遗传物质，如果你把两代人的生存与个人的幸福混为一谈，那是你的，而不是她的问题。只是社会上那些有用的白痴使问题更加严重了而已，这些人宣扬一条流行的、可以摧毁生活的建议："如果感觉好，那就做吧。"除非你们想要像细菌和原生动物一样共享相同的人生目标，否则这是一条糟糕的经验法则。

我们追逐着世俗的物质来减少我们的不满，却在过程中发现了更多的不满，我们感觉到没有什么东西可以满足所有需求。我们更渴望某种东西，却不能确定我们寻找的到底是什么。如果没有深刻的反思和精神上的拼搏，加倍满足自我和爱欲似乎是现有的最佳路径。

但是，这些东西不能填补内心的空虚。它们可以带来短暂的满足，但不会长久也远远不够，所以我们渴望更多。

这一似非而是的论点在梵文中有一个词来表达：upādāna，是指渴求和控制组成的怪圈，下面是《法句经》（佛的智慧之路）对它的解释："如果一个人的生活毫无乐趣，他的渴望就会像藤蔓一样四处生长，像猴子在森林里寻找果实一样，他从一种生活跃到另一种生活。而且不管是谁都会被这种不幸的、挥之不去的渴求所征服。"文章解释说，"他的悲伤就会像雨后的小草一样蔓延开来"。

对赞美的渴求，对物质的贪婪，将他人人格物化的习惯，这个以渴求和控制组成的怪圈通行一个高雅、直白而致命的公式：

爱物质，利用人。

这是阿卜杜勒·拉赫曼醉生梦死地度过一生所遵循的公式，这是从好莱坞到麦迪逊大道的文化决策者兜售的万金油。但是，我们心里知道，它是违背道德的，是一条通往苦难的道路。我们想摆脱这些挥之不去的渴求，我们想找到一个能真正减少不幸福的公式。

这个公式是：

爱人，利用物质。

只是简单地颠倒了这个无情的公式，我们就赋予了它温情。把它作为追求幸福的信条送给你。当然，知易行难。它需要敢于否定自豪感的勇气和爱别人的力量——爱家人、朋友、同事、熟人、神明，甚至是陌生人和敌人，拒绝那些确实是物质的物质，没有什么比把我们珍重的东西送给别人更让我们感到如释重负的了，也没有什么比物质享乐主义更能制造不幸福的了。

在自由企业制度中，如何将所有这些与美国保守主义者的信仰联系起来呢？资本主义的批评者可能会指出，我列出的所有错误——追求金钱、享乐、名利——都是由自由企业促成的。难道我们宝贵的经济体系只是痛苦的捷径？

一个我喜欢的笑话完美地抓住了这种批评的本质。

一位美国商人访问墨西哥的一个小渔村。他注意到一条小船绑在码头上，看到船闲置在那儿，他很惊讶，因为那时是下午 1 点——捕鱼的最好时间。商人走过去仔细地观察，他发现船里有一位快乐的渔夫和一条巨大的金枪鱼。他称赞渔夫抓了这么一条大鱼，并问渔夫花了多长时间抓住的，这个墨西哥人回答说，只花了一个小时。

“那么，你为什么不多待会儿多抓一些鱼呢？”

渔夫回答说这足以满足他现在的需求了。

“那么今天剩下的时间你会做什么呢？”

“我会睡个懒觉、打个盹儿、喝点酒，还会和我的朋友们弹会儿吉他，先生。”

对此，美国人感到震惊。他说：“今天是你的幸运日——我是哈佛的工商管理学硕士（MBA），让我给你一些建议。你首先得花更多的时间捕鱼并且把钱省下来，很快你就能买一艘更大的船，雇几个人为你工作，再过一段时间，你就能买几条船雇更多的人，最后你将会拥有一支船队，这样你就可以把你捕到的鱼直接卖给加工者，甚至可以开一个自己的罐头食品厂。”这时他越说越兴奋，“到那时，你就可以离开这个小渔村，搬到墨西哥城，甚至洛杉矶！在那里你可以运作你所有的事业。”

渔夫思考了一分钟后问道：“这要花多长时间？”

“我看大概要二三十年。”

“然后呢？先生。”

“然后？你可以卖掉整个企业赚取一笔财富！”

“一笔财富？噢，然后呢？”

这个美国人不得不想一会儿，最后得到了答案，“然后，”他得意扬扬地宣布，“你就可以退休做你想做的事了！比如说，你可以搬到一个古朴、美丽的渔村，在那里你可以睡懒觉、打盹儿、喝酒，还可以和朋友一起做音乐！”

如今，这个笑话似乎很适用于资本主义的批评家们，而不是像我这样的保守主义者。它忽略了一点，我们可以用我们选择的任何货币来衡量生活的价值，一些人优先考虑职场上取得的巨大成功；其他人则倾向于提前退休，并有机会发展自己的爱好，自由企业使我们有权为自己做出选择。

不，这个笑话真正的寓意在于目的和手段的区别。人们不必因为事情本身而去寻找它，我们必须把它们当作做好更大、更高尚事情的手段，物质享乐主义是专横的，没有意识形态或经济制度可以摆脱它，任何一个在社会主义国家待过一段时期的人都必须承认自私和寻租行为至少在社会主义中与市场自由的时候一样糟。

然而，与以往相比，自由企业确实使更多人有机会富裕起来，它把贸易、交换和向上发展的目标普遍化。在某种程度上，它可能使物质享乐更容易实现，就像做药剂师比做水管工更容易制造毒品一样。

那么这是否意味着自由企业向我们的幸福公式提出了一个问题？它是否会使我们陷入不愉快的陷阱？

这些问题需要一个答案，我走遍了整个世界去寻找它，这便是我来到新德里的原因。

无依恋的富裕

印度新德里的斯瓦米纳拉扬印度教神庙（The Swaminarayan Akshardham Hindu Temple）是我见过的最神奇的地方之一。这座神庙占地 100 英亩，于 2005 年开始供奉，所有的神像、人像、动物像都是由 7 000 名工匠一刻不停地用纯岩石雕刻而成的。在那里我结识了一个身无分文的印度教斯瓦米，名叫格纳姆尼（Gnanmuni）。

斯瓦米·格纳姆尼（发音为“Gyon-moony”）是寺庙的管理员。我们从未谋面，但我听到过他的名字，如果 Yelp（美国最大的点评网站）对僧人进行点评，他一定是五星。斯瓦米快 50 岁了，是个绝对忠诚于纯洁和贫穷誓言的僧人，他已经彻底参透物质世界。

我不知道我期待什么，但肯定不是完美的英语。可是当我靠近他时，这确实是我听到的。哪里的口音——得克萨斯州？

“你好啊！”斯瓦米的问候充满慈爱，不到两分钟，他就称我为“朋友”（dude）。

我很快就明白了格纳姆尼的经历会让我竭尽全力追寻非传统的生活。他在休斯敦长大，是一名印度工程师的儿子。他在学校里成绩优秀，16岁就读于得克萨斯大学。（他开玩笑说，他的橙色长袍就是他得克萨斯长角牛精神的证据。）在获得一个学士学位以及包括工商管理硕士在内的三个硕士学位之后，他找到了一份管理顾问的工作。很快就赚到了第一笔钱。

但是，像我们中的许多人一样，格纳姆尼从未对物质世界感到十分满意。与我在寺庙漫步时，他描述了自己的感觉，一种更超然、远离物质的生活在召唤着他。26岁那年，他还不想承认这就是他生活的全部意义。

就在那时，格纳姆尼开始觉醒，他放弃了自己的商业生涯，放弃了财产，前往印度，进入一个印度教的神学院学习。6年后，他成为一名僧人。从那一刻起，他的全部家当就只有两件长袍、几串念珠和一个木钵。他甚至被禁止接触钱币。

至于自由企业，这个把资本主义世界抛在脑后的反叛者会怎么说呢？我深吸一口气，提出了我的问题："斯瓦米，自由企业之于灵魂是好事还是坏事呢？"

他回答得很快，"是好事，它把印度的数百万人从饥饿中挽救出来。"这和我预期的有所不同，"但是你几乎什么都没有，"我强调说，"我可以肯定，你会说金钱会让人堕落。"

他嘲笑我的天真。"金钱本身没有问题，朋友，生活中的问题在于金钱的附属物。"

正如他所说的，最好生活的公式是：

无依恋的富裕。

听完斯瓦米·格纳姆尼对富裕极富热情的认可，有人可能会摸不着头脑。这是一个完全没有争议的说法（甚至在传统意义上），即斯瓦米是禁欲主义者。

当我们变得对财富异乎寻常地依恋，当我们忘记了物质繁荣和世俗的快乐本身目的并不单纯的时候，实际上正是我们对自己和这个世界造成危害的时候。你甚至可以通过把针丢在《圣经》里任何一处的方法找到同样的思想，以免你认为这一切都是纯粹的东方哲学。比如说，"视钱如命的人永远都没有认为足够的时候，贪爱财富的人永远不会满意自己的收入。这也是毫无意义的。"

依恋到底有什么不好？在物欲的世界，它会导致嫉妒和贪婪。避开这些陷阱是生活满意度的关键。获得一种幸福、有意义生活的方式是欣赏富足，同时避免依恋。我把斯瓦米·格纳姆尼的、圣保罗的、传道书的建议记在心里。但是如何把这些建议付诸实践呢？此外，我们如何把这些建议运用到真实世界的理念中呢？

要了解这一点，我不得不重新潜心研究。我发现有三个策略，这是三个既能避免依恋、又能享受富足的最佳实践。

1. 收集经验，而不是物质

物质性的东西似乎是永久性的，而经历似乎会渐渐逝去，并有可能被遗忘。我们刚结婚的时候，几乎没有什么钱财，那时候埃斯特和我生活很窘迫，我们的资金刚够去度个短假或者买一个沙发，只能两者选其一，不能两者兼顾，埃斯特认为出去过个周末更好，而我认为沙发可以用得更长久。

最后我选择妥协——去度假了，但现在回想起来，埃斯特是对的。20年后，我们回想起来，还非常清楚地记得出去度过的那个周末。如果我们买了沙发，而不是去度假，它会慢慢地消失，被遗忘。这违背了传统的想法，实际上沙发在物质形态上是永久的，却很快就会被我们从头脑中抹去，而记忆会留存在我们的意识中，持续一生，让我们一遍又一遍地回味。

这个“物质悖论”已经被研究人员完全记录在案。2003年，心理学家研究了美国人是如何记住以往不同种类的购物——包括实体购物和体验性购物。[27] 比起那些单纯的实体购物，对于体验式购物的回忆会让这些研究对象更幸福。

不只是从研究上，我也从我的儿子身上一劳永逸地学到了这个理论。6年前，卡洛斯只有9岁的时候，他宣布他想要的圣诞礼物是我们两个人的狩猎和钓鱼之旅。不是玩具和任何新的东西，是一次只有我们俩的旅行。

于是我们去打猎，去钓鱼，自那以后我们每年都去。曾经给他买的玩具到现在要么被打破、要么被闲置，但是我们记得我们曾去过的每一个地方，我们捕捉过的每一只小动物——每年的。

2. 避免过长的有效性

我们在日常生活中经常会固执地追求实用性，希望我们周围的一切都是有用的。但这是一条我们需要避免的通往依恋的路，关于这一点，亚里士多德在他的《尼各马科伦理学》（*Nicomachean Ethics*）里进行过阐述，《尼各马科伦理学》是一个幸福理论，在2 300年后它仍然远远地超过其他大部分的哲学。亚里士多德表达了对博学之人的钦佩之情，因为“这些人知道那些不寻常的、令人钦佩的、难度大的、神圣的却没有用的事物”。

为事情而做事情——与为追求遥远的目标而把每时每刻都工具化相反——会获得正念和快乐。正如越南僧人一行禅师（Thich Nhat Hanh）描述的那样，“洗碗的时候就只洗碗，这就意味着当你洗碗的时候，你可以意识到一个事实，那就是你正在洗碗。”[28]

这是一种把非常现实的问题讲透的抽象方式，无数的研究支撑着这种方式。在一个著名的实验里，大学生被要求解决一些难题，[29]一部分学生会得到报酬，而另一部分则没有。恰恰是这些无偿参加者在正式实验结束后仍然会继续解决难题，相比之下，那些有偿参加者则在实验结束后便立即把任务抛诸脑后。固定的回报夺走了参与实验所带来的全部乐趣。事实证明，有偿参加者认为他们对整个过程的享受更少——甚至包括得到报酬的那一刻！

什么会让你更幸福：一次与朋友的聚会或者是和朋友打扑克牌？答案是为了纯粹的快乐而参加的活动。除非你是少数人中对聚会很有热情的人，否则你所期待的事情可能是除了享受本身再没有其他结果的事情。一个与家人一起看电影、骑自行车、看球赛或者同自己爱的人一起吃晚饭的夜晚，单纯从财政角度看，这些都是糟糕的投资；从纯粹的经济意义上看，它们都是没有用的，但它们恰恰是亚里士多德和僧人所知道的会带给我们幸福的事情。

这并不意味着我们应该放弃具有创造性的冲动。我不是呼吁结束工业化，恢复到手工编织的时代。我所呼吁的是一个从本质上把我们的行业看作为内在终结的世界。

3. 到达轮盘的中心

在许多中世纪教堂的玫瑰窗上，都会看到著名的 rota fortunae——

“幸运之轮”，这个概念是基督教从古罗马人对异教女神福尔图那（Fortuna，命运女神）的崇拜中借鉴而来。随着轮盘的转动，可以看到每个人在一生的奋斗中所经历的胜利与失败，在轮盘的上方就是一个国王；在底部，则被当作穷光蛋。

乔叟的《坎特伯雷故事集》使用了这个理念来形容那些显赫的却在历史过程中沦落为低微的人，“就这样，幸运之轮背信弃义，把人类从幸福拖向了悲哀”。

这个训诫不是仅限于富人和名人。我们应该记得所有人都在轮盘上转动，某一天我们也会到达轮盘的顶端，但是突然间我们就会发现我们的健康、财富和声誉走低。

如果训诫就在那里结束了，这将令人沮丧。每一次胜利似乎都徒劳无益，因为很快我们就会回到原点。正如天主教神学家罗伯特·巴伦（Robert Barron）所写的那样，早期的教会通过将耶稣放在轮盘中央回答这个生存之谜。[30] 世俗之物占据了车轮的边缘，这些附属物在不断地、无情地旋转，固定在中心的是信仰的焦点，这是为超越健康、财富、权力、快乐和名望而存在的启明星。人生中最不实用的东西竟然是最重要和最持久的。

就目前而言，这一古老的神学中镶嵌一个重要的训诫，即通过世俗的身外之物所形成的吊索和箭头，灾祸会降临到那些活着和死去的人身上。要首先想到这些东西都处在轮盘的边缘，这是解决生存之谜的诀窍。取而代之，要确保知道什么是你的命运轮盘中心真正的真理，让它成为你关注的焦点，通过收集经验，避免过多的实用性，到达轮盘的中心来抛却那些身外之物而不断前行。

顺便说一句，我与斯瓦米·格纳姆尼的故事并没有结束。在新德里，我离开他的前一天，我们一起吃了一顿只有汤和面包的简单午餐。我告诉他,我会在我的书里重述我们的谈话,许多美国人会知道他的名字。

他沉思了一会儿，毫无欢喜，回答干脆：

“朋友，你喜欢这个汤吗？它有点辣。”

对幸福的追求

所以你拥有它——给幸福的勇士几个简单训诫。这些幸福的勇士都怀有一颗保守的心，执着地追求幸福——自己的和别人的。

首先，每一天我们都应该关注幸福投资组合：信仰、家庭、友谊以及通过工作获得的成功。把幸福教给你周围的人，并与阻碍幸福的事物做斗争。

其次，抵御通往痛苦的世俗公式——利用人，热爱物质。要取而代之的是，记住你的核心价值观并按照正确的公式活着：爱人，利用物质。

最后，庆祝自由企业制度为大多数人创造了富足——特别是穷人。但是时刻记住，贪恋钱财是一切罪恶的根源，理想的生活需要没有依恋的富裕。

这本书的其余部分着重阐述如何在政治、政策以及最重要的日常生活中运用这三条经验，有了这方面的知识，我们先来看看那些在追求幸福的过程中最需要帮助的人——穷人。

第二章

为什么美国还没有取得脱贫战争的胜利：亿万支出却没有用在刀刃上

纵观美国历史的大多数时期，可以发现，在美国，若想人们过得幸福关键是要安分守己。不管他们赚了多少钱或多么有学识，绝大多数公民都团结在一个珍惜信仰、家庭、友谊和工作的城市文化中。[1]

我 AEI 的同事查尔斯·默里（Charles Murray）在他的畅销书《分崩离析》（*Coming Apart*）中表示这种情况已不复存在了。[2] 可悲的是，探索蓬勃生活的秘密不再是一种与生俱来的权利而变成一件奢侈品，更可悲的是，这些追求幸福的组成要素也在最需要它们的所有领域渐渐消失。

如今美国最贫穷的那 20% 的人结婚的可能性只有同等数量的最

富有的人的 1/5，他们有 30% 的可能从来没有参加宗教服务，而他们从来没有花时间和邻居交流的可能性则超过 60%。[3] 此外，他们每周的工作时间较标准时间少大约 20%，这些现象不只集中出现在某个种族或民族群体。正如默里描述的那样，它们折磨着各个阶层经济拮据的美国人。

换句话说，现代美国的贫困现状与其经济实力完全不成比例，但似乎还不够糟糕。当然，许多低收入的美国人都享受着充满自信、家庭和睦、社区安宁和工作顺心的高品质生活。但话说回来，贫困社区还是过于缺乏幸福的四个秘诀，再加上物质匮乏所带来的压力，我们毫无意外地看到美国那 5% 的最贫穷的人对生活感到幸福的可能性只有那 5% 的最富有的人的一半（18%：36%）。

我们可以无休止地争论因果关系：是工作和家庭功能失调引起的贫困，还是相反？可能两种情况都有，但不管轮盘以何种方式运行，对幸福感的影响是不可否认的。如果保守派想重建每一个人对幸福的追求，那么需要从美国穷人开始。我们需要了解这些美国最底层公民所面临的文化因素和经济情况，我们必须厘清，为什么世界范围内贫困程度不断下降的时候，美国的贫困社区却停滞不前；为什么我们庞大的福利政策大多未能改善贫困人口的生活，而保守的解决方案又是如何解决问题的。

这就要求传统的“白手起家”的保守主义神话进行重大更新。我已经记不清有多少沮丧的民选官员曾向我抱怨他们整个职业生涯都在讲的“从赤贫到富有”的励志故事对选民是如何地不起作用。原来是有原因的。当然，保守派不应该停止强调个人责任和努力工作所发挥的作用。但我们也必须承认，失败的教育、停滞的工资水平已经使简单的努力不足以保证美国大片中反映的蒸蒸日上了。

这种新方法还将检查分析几十年失败的发展政策。政府的技术官僚们花了数万亿美元建立起一些杂乱无章的机构，却仅仅使贫困带来的痛苦减少了那么一点点，而且他们也未能让这种减少持续下去。

要做这些事情，我们必须正视如今美国贫困的丑陋真相。

罗莎·李的故事

1994 年 9 月，《华盛顿邮报》记者揭露了一场令美国人吃惊的慢动作悲剧。[4] 记者莱昂·达什花三年时间追踪采访一个叫罗莎·李·坎宁安（Rosa Lee Cunningham）的女人。他把收集到的故事写成一篇 39 000 字的报道，并分 8 周，每周一次在报纸上刊登，引起了轰动。后来，这篇报道获得了一系列大奖，其中包括普利策奖。

当我第一次读该系列报道时，我几乎无法相信其中故事的真实性。对于我和其他许多美国人来说，这永久地改变了我们对贫穷的认识。罗莎·李出生于 1936 年，在华盛顿特区长大，生活从一开始就很艰难，她在学校里成绩不好，[5] 14 岁成了母亲，有 7 个孩子，分属于 5 个不同的父亲。她唯一的一段婚姻开始于 16 岁，持续了不到一年的时间：事实证明一个暴虐的丈夫比她正试图摆脱的暴虐的母亲更可怕。

20 世纪 60 年代，联邦政府大规模的反贫困计划开始之后，罗莎·李的生活并没有得到什么改善。她的物质需求小幅下滑，但痛苦却有增无减。她终身都是一个商店扒手，在不同的时期，成为妓女、毒贩，并最终成为吸毒者。罗莎·李成年后被抓进监狱十几次，上梁不正下梁歪，她的 6 个孩子也都涉嫌犯罪和吸毒。更让人大跌眼镜的是因为急需用钱，她甚至支使自己11岁的女儿去卖淫。她58岁死于艾滋病，不知道是通过性还是共用针头感染的病毒。达什用质朴的语言描绘出现代贫困的肮脏真相，他的故事震撼了如此多的读者以至于《华盛顿邮报》不得不为这一系列故事的粉丝和评论家设立一条特别热线。20年后，阅读这个故事仍然像目睹一场车祸，你无法忍受，但是你也不能径自离开。

无法相信这样的事情会在现代的美国发生，然而，它确实发生了。更令人不安的是，这些不寻常的悲惨故事，是在距离白宫只有几个街区的居民区发生的，是在美国总统对贫困宣战几十年后发生的。达什通过一个特定的故事把这种讽刺放在了聚光灯下：当罗莎·李为因涉嫌杀人而被捕的女儿哭泣的时候，背景中的电视里正在播放比尔·克林顿的就职典礼，她对此视而不见，罗莎·李从来没有投过票，“投票不会让我的生活得到改善。”[6]

不过，政府并没有缺席罗莎·李的生活，相反，在整个故事中政府都是一个焦点。它以一种旋转门式的刑事司法系统形式出现，并在悲惨的社会环境中作为主要推动力助长和教唆她的破坏行为。

在她故事的每一个章节，都有一些善意的政府计划以非正式方式参与进来。每个月的第一天，当福利支票在街角卖酒的商店里兑换成现金后，马上被用来买毒品和付租金。家人和毒贩要求的付款和贷款都从她的政府福利支票里出，公共住房被当作犯罪的避风港。为了得到更多的援助和食品券，人们总是夸大自己在照顾孩子中的作用。

总之，在罗莎·李的故事中，福利制度是致贫背后不为人知的源泉。她觉得她有权获得援助，并完全依赖于它，但福利制造却没有从根本上改变她的悲剧人生。

也许还使她的生活变得更糟了。一个和罗莎·李生了三个孩子的男人想和她组建一个稳定的家庭，但是她没有同意，达什问为什么，“回到那些日子，”罗莎解释说，“福利制度不让男人和你住在一起，这就是我失去他的原委，我们曾试着住在一起，但福利制度不让。”[7]虽然那个男人有一份工作，罗莎·李还是不知道如果没有福利援助，他们该怎么生活。

罗莎·李家里并不是所有人都是不幸的。她的两个儿子组建了稳定的家庭，拥有稳定的工作，二人有两个关键的相同点：在专门的男性导师鼓励下，他俩都抵制毒品并自食其力。在众多混乱中他们看似随意的成功让达什感到很难理解：

> 当有些人，像罗莎·李，已深陷充斥着持续的贫困、吸毒、暴力犯罪和定期监禁的生活中时，许多人……却能摆脱逆境走向成功，我想知道，他们究竟是怎么做到的？[8]

这一系列故事并没有得到普遍的赞誉，有些读者指责报道具有种族主义倾向，因为罗莎·李是非裔美国人（作者也是）。在《华盛顿邮报》收到的 4 600 多个反馈电话中，尽管部分人严厉地指责它，但更多的来电还是对这个故事赞不绝口。[9]读者们认为罗莎·李的故事应该在所有种族的社区里反复传播。他们明白整个国家都应对这一灾难负责。

罗莎·李的故事实际上展现的是个人在某种制度下堕落的经过。在她的青年时期，20 世纪 60 年代早期的贫困丑闻让她深受其害。作为一个成年人，她陷入了一个反乌托邦政府系统，这个系统允许最恶劣的行为生根发芽，只会通过冷冰冰、硬邦邦的现金来满足穷人最表面的物质需求。当社会忘记像罗莎·李这样的人的生活受到了威胁的时候，政府只会目光短浅地用这个标准来管理——钱。

脱贫战争的失败

缘何美国投入了数万亿美元来专门救助像罗莎·李一样的穷人，到头来还是让他们备感失望呢？

要回答这个问题，我们需要回到1964年5月22日这一天。正是在那一天，在密歇根州的安阿伯，总统林登·贝恩斯·约翰逊正式宣布其“伟大社会”的施政计划。几个月前，约翰逊曾在他的国情咨文中宣布“对贫穷无条件宣战”，[10]但在安阿伯，总统解释说，他的愿景比简单地消除贫困要多得多：

> “伟大社会”是建立在所有人富足自由的基础之上的，它要求解除贫困和种族不平等，这是我们这个时代致力于完成的事业。但是，这仅仅是个开始，“伟大社会”是这样一个地方：每个孩子都能学到知识来充实自己的头脑和扩展自己的才华……在这里，比起物质的数量，人们更关心自己目标的质量……
>
> 它正召唤我们走向一个生活意义与劳动成果相匹配的命运。[11]

“伟大社会”的最终目标是什么？约翰逊解释得很清楚：“……追求民众的幸福，我们在这一追求上的成败是对我们作为一个国家是否成功的检验。”

这里面包括的远远不只物质需求的减少，约翰逊承诺将带来真正的人类繁荣，使其来到每一个美国人的身旁，他保证我们每一位公民，不论出身，都将获得施展才华、赢得成功、追求幸福的机会。

这些目标听起来美好而崇高，适合于一个伟大的国家。可是我们对此又完成了多少呢？

约翰逊发表讲话的前一天，我出生在华盛顿的斯波坎，毫不夸张地说，我是一个“伟大社会”时代的孩子。这意味着“伟大社会”计划和我都满 50 岁了，正是停下来反思的好时机。约翰逊努力地设立一个明确的标准来衡量“我们作为一个国家是否成功”，那么，政府对“我国人民幸福”的追求成功了吗？

已经至少有一个毫无争议的胜利了。“伟大社会”捍卫民权的改革运动最终在民权法案、投票权法案以及其他结束我国法律歧视的逾期行动中终结。今天，非裔美国人仍面临许多阻碍他们追求幸福的障碍，但黑人歧视法不是其中之一，这是美国人民所取得的巨大成就。

那么“伟大社会”计划在贫困问题上为我们留下了什么？这个问题非常复杂。

我们还是先从贫困最狭义的理解——纯粹的物质需求开始吧。随着约翰逊登上总统宝座，情况变得糟糕了，就在几个月之前，1964 年 1 月，《生活》杂志出版了一本名为《贫困之谷》的摄影专辑。令人震惊的图像详细地描绘了居住在肯塔基州东部的阿巴拉契亚山脉的人的困境：

> 他们的家都是没有管道或卫生设施的棚屋。他们的周围充斥着由起伏的丘陵和污秽溪流点缀的沟壑所造成的荒凉景象。人们自身——经常因疾病缠身而失学——没有工作，甚至没有希望。[12]

一张照片展现了一间墙上贴满报纸的房间里，一家人正在吃残羹剩饭的情景；另一张则表现了一个男人和他的儿子为了给他们那拥挤的家取暖而在冰天雪地里捡拾煤块。照片中展示的生活震惊了全美国。

如此严重的贫困不仅出现在农村，也出现在美国的城市，1964 年，贫困线以下的 34 万美国人中将近一半生活在大城市和前景黯淡的郊区。[13]20 世纪 60 年代的大多数家庭没有汽车，大多数人的住处狭小，甚至连家庭成员一人一张床都难以实现。令人难以置信的是，大多数的穷人是黑人，非白人家庭中有整整一半生活在贫困线以下。[14]

在随后的几十年中发生了什么？庆幸的是，每天生活在贫困线以下已经变得没有那么不舒服。穷人的寿命和生活质量都有显著提高，婴儿死亡率下降，获得公共教育的途径不断扩展。

2011 年的美国穷人比 1980 年美国公民的平均居住面积还要大，[15]如今甚至超过了法国、瑞典、德国、英国所有经济阶层综合起来的个人平均居住面积。今天美国穷人中 3/4 的人拥有一辆或多辆汽车。[16]大多数人拥有冰箱、洗碗机、电视、微波炉、个人电脑、视频游戏机，上网等娱乐项目已经司空见惯了。[17]

我们举一个简单的例子来了解一下这些东西是怎么到达穷人手中的。1964 年，一台彩色电视机的售价是 379 美元，大约相当于现在的 2 894 美元，[18]其对于大多数美国人来说都是一件遥不可及的奢侈品。我小时候，对于像我家这种中下阶层的家庭来说，拥有一台彩色电视机是根本不可能的——我家有一台必须每半个小时拍打几下画面才能出来的黑白真力时（Zenith），而现如今在百思买（BestBuy）买一台 40 英寸的平板电视才花费 220 美元，[19]大多数美国人都能买得起。

上述大多数生活方式的进步都源于科技进步，但是，物质匮乏现象的减少一部分的确可以归因于“伟大社会”计划，政府一定程度上在提高食物供给、医疗保健、住房等方面发挥了作用，我们应该对此表示祝贺，但是在我们宣布“伟大社会”计划取得任何成功之前不得不预先声明一个重要的方面：当约翰逊开启政府刺激计划时，贫困其实已经开始消减。

1950 年，根据官方统计，大约 25% 的美国人生活在贫困线以下。[20] 到 1966 年，“脱贫战争”正式开始后短短两年，这一数字就降到 14.7%，这 10% 的下降转化为贫困率 41% 的削减——这绝对是一个了不起的成就。当然你可能会想，以约翰逊政府为中心的议程是一个令人震惊的成功！

这个陈述有一个问题，几乎所有贫困方面的下降都发生在约翰逊政策生效之前，造成这场骗局的正是充满活力的经济。

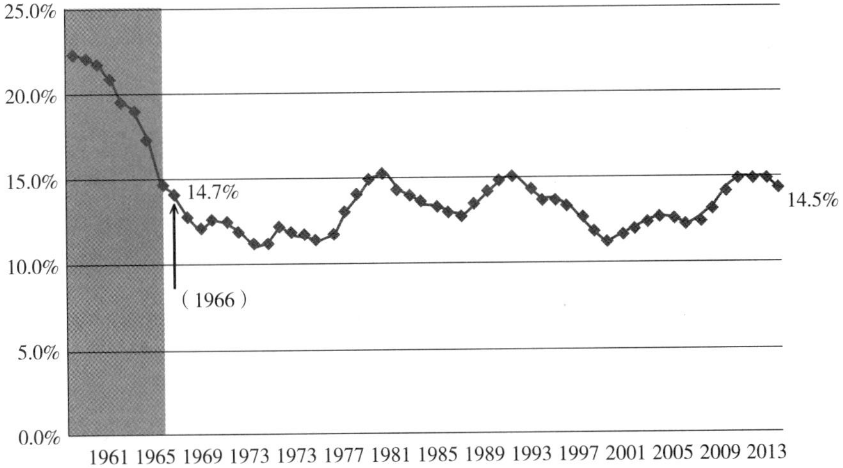

美国贫困率（美国人口普查局）

20 世纪 50 年代，美国的经济以平均每年 4.25% 的比率快速增长，[21] 20 世纪 60 年代增速更加显著，为 4.53%，[22] 许多经济学家（包括我）

相信这一增长大部分要归功于约翰·菲茨杰拉德·肯尼迪（John F. Kennedy）在供应方面全面减税20%的政策，从某些角度来说，20世纪50年代和60年代的经济增长是过去10年疲软的平均经济增长率的2.5倍。可以说事态发展良好。

这种经济扩张的结果是到1964年林登·约翰逊当选总统的那天早晨，贫困率从1950年的25%下降到了19.5%。随着医疗保健等“伟大社会”主要计划的实施，[23]到1966年，贫困率进一步降到了14.7%，就像一些看上去特别精明的将军一样，林登·约翰逊公开宣布这场战争让敌人落荒而逃。多亏了自由企业制度，约翰逊的首创计划开始实施时，美国已经取得了“脱贫战争”的胜利。

换句话说，20世纪50年代和60年代美国发生的情况，1970年之后在美国之外的地方也发生了。自由企业消除了大量的贫困，但是脱贫战争之后不久，这种下降趋势就停止了。1966年的贫困率——那时候约翰逊总统的几项措施实施，其他大部分还在计划中——是14.7%，2013年，在投入了至少15万亿美元之后，美利坚合众国的贫困率却只下降到了——14.5%。[24]

以任何公正的标准来看，政府的脱贫战争都只能归于失败一列，当然，在任何一个私人企业中，哪怕只有一点点相同的情况，首席执行官也会被解聘。

现在很多政策专家（不管是“左翼”还是“右翼”）都抱怨说贫困率是一个有缺陷的指标，他们认为官方的贫困测量方法是测量人们物质生活水平的一种拙劣方法，因为官方指标排除了许多最突出的旨在减少贫困的政府转移计划，而且，其他一些重要情况，比如（正像我们看到的那样）许多现代设施下降的价格，都没有计算在内。

事实正如其所言，但是正因为“粮票”或者便宜电视没有算在内，官方的贫困率才不是没有用的，因为除了一些政府救助，它确实包含了家庭所赚取的所有物资，如果从20世纪60年代至今我们花费在“伟大社会”政策上的亿万美元真的帮助无数的美国人实现自给自足，并且使得他们获得了成功，那么我们应该会看到官方贫困率有一个巨大的下降。

然而，我们并没有看到这样一个巨大的下降。从“伟大计划”的主要政策开始实施的第一天起至今，贫困率只下降了0.2%，从根本上说这是一个舍入误差，政府的措施没有促使穷人加入到劳动者中并向着中产阶级前进，只是通过满足他们生活需要的方式，帮助他们能够在贫困中维持下去而已。

1951年，只有3.8%的美国人接受某种公共援助，大约是25人中就一个人接受，[25]到2012年这个比例上升到32.3%，得到政府帮助的人多了大约9倍，工作的美国人越来越少。劳动力中男人的比例——不管是工作的还是正在寻找工作的——从1964年81%下降到了如今的62.7%，我们也能算出那些不在册的、年龄在20~64岁之间的不工作男人的比例：这个数据从6%上升到了17%，在所有处于工作年龄的男人中，除去监狱服刑或军队服役的，6个人中就有一人是闲着的。

这是过去50年美国贫困状况的真实写照：更少的薪水、更多的福利支票、在获取成功方面没有任何有意义的改进。政府开支中的数百亿美元没有给我们带来更多的希望或机会——只是少了一点点物质上的痛苦。

这正是林登·约翰逊做出的“伟大社会”计划没有完成的承诺。在他演说后三个月，他在玫瑰花园签署《经济机会法案》（Economic Opportunity Act）时曾宣布：

> 我们不满足于救助名单或福利名单的无限增长，我们要为那些被遗忘的人们提供机会，而不是救济金。美国人摆脱贫困的方式不是让穷人在贫困中更加安心，而是实实在在地帮助他们摆脱贫困的根源，与绝大多数人一起沿着希望和繁荣的高速路不断前进。[26]

如果我们想做的就是把政府的援助和物质产品提供给更多生活在贫困中的人，那么我们已经做得很好了，美国的自由企业经济，再加上一些政府有效举措的帮助，使人们更能容忍贫困，而这是不容许掉以轻心的。减少真正的贫穷是一个胜利，消除物质匮乏最糟糕的方面是我们这个社会应该引以为傲的成就。

但是我们真正的目标并不是那么物质至上，那么狭隘的。正如约翰逊总统所说，我们的终极目标要高尚得多，美国着手为每一个公民提供机会建立一种有意义的生活，这种生活会激发他们的热情，发挥他们的才华，我们从来都没有满足于减少一点点痛苦，我们致力于众所周知的对幸福的追求，也就是帮助人们过上有尊严的生活。

但是脱贫战争并没有为苦苦挣扎的人们提供摆脱贫困的逃生绳，只是让不满意的情况更容易被接受；它没有增加机会，只是增长了福利名单而已。

花费了数百亿美元后我们已经很难在争取成功方面有任何成绩了，这一事实不仅仅是公共政策的失败，而且是我们这个时代最大的道德丑闻。

贫困不复杂，但很难懂

什么系统能产生如此令人无法接受的结果？难道脱贫战争的设计者们是些意图打造社会主义和奴役状况的恶魔般的狂热分子吗？是不是所有旨在完全依赖政府建立一个永久性下层阶级的宏伟计划都会以某种特定方式投票产生？

当然不是，没有任何证据表明林登·约翰逊和他的团队没有真正努力减少贫困，美国的繁荣在“二战”之后开始凸显，但是从内陆城市芝加哥到密西西比河三角洲，数百万人陷于赤贫，总统很想采取行动，我们大多数人也想。

虽然约翰逊选择的做法是非常错误的，但它却不像他那面临来自右翼竞争者的想法一样。保守主义者对脱贫战争不满，是因为他们已经准确地看出它会往何方发展，但却无法提供任何可靠的替代方案，20 世纪五六十年代的政治权力策略就是站在“过往的历史”上，大声喊“停”[小威廉·法兰克·巴克利（William Frank Buckley Jr.）的名言]。但是当涉及消除贫困时，“停”就是一个失败的主张了——本来它就应该是。

“停止”那些可能会把阿巴拉契亚最贫困的人从饥饿和营养不良中拯救出来的事情？“停止”那些可能会帮助奴隶们的可怜的孙子摆脱贫困、追求幸福的事情？保守主义者无法站在道德立场上来反对约翰逊的脱贫战争，因为他们没有任何自己的方法来帮助这些人。

确实，他们也没有权力，民主党掌控着参议院（67:33）、众议院（256:177）和白宫，1964 年 11 月的选举中约翰逊用他的方式打败了共和党的戈德华特（61%:39%）。从联邦国家层面来说，美国本质上是个一党制国家，新的进步时代就在眼前，但是正如我们所知，由此发起的脱贫战争根本就没有引起什么进步。

林登·约翰逊的本意肯定是好的，他设想的目标也是崇高的，致命的问题在于他的方法。这些方法植根于对政府能做什么不能做什么这一问题的严重误解，约翰逊的政策未能实现他的既定目标，源于他没有认识到一个至关重要的区别：复杂（complicated）问题和复合（complex）问题的不同。

复杂问题非常难理解，但是投入足够的金钱和脑力就可以解决，而且一旦找到解决方法，这个问题就一劳永逸地解决了，解决方法屡试不爽，成功率很高。设计一个喷气发动机是一个很复杂的问题。第一台喷气发动机的诞生固然需要精密工具、计算能力、专家工程师。但是一旦工程师们找到解决方法——设计出可用的喷气发动机——他们就可以复制整个过程，使喷气发动机生产常规化。

复合问题却不同，乍一看它们好像很简单，但实际上是无法一劳永逸地解决的。以一场足球赛为例，你很清楚成功是什么样子——尤其当你的球队赢得比赛时（于我而言，就是西雅图海鹰队赢得比赛时）。但是在球场上会有不可胜数的事情发生，那么多变数，那么多模棱两可的事情，即使是最好的数据和战略与这种不确定性相比都会相形见绌。

举一个简单的例子，你就会明白复杂问题和复合问题是如何混淆在一起的。在 2015“超级杯”开始之前，哥伦比亚广播公司（CBS）新闻节目讲述了一个名为“在第四十九届超级杯中预测机选择了海鹰胜过爱国者”[27] 的故事，它在一个网站“PredictionMachine.com”上发布，“使用了一些当今最先进的分析理论，并通过一台他们称之为

‘The Predictalator’的机器对其进行分析”，这是‘有史以来最深入、最具艺术性的运动预测软件’”。该预测机处理了所有的数据——从常规赛赛程的强度，到伤病，每支球队对阵同一个对手的记录，以及球员个人统计的所有事情，它确定，“如果《超级杯》播放 50 000 次，西雅图海鹰出现的时间会占到 57.3%”。对于我来说，不幸的是这不是《超级杯》播出的真实情况，那一年海鹰队只打了一场，而且以 24∶28 的比分输掉了比赛，令人心碎。

足球比赛复合而不复杂，实际上是数百万人喜欢看它的原因，我们不知道会发生什么，伟大的球队也会在几乎确定能赢的情况下输掉比赛。

如果设计一台喷气式发动机是一个复合问题，那么大多数情况下你会从天上掉下来，如果一场足球赛是一个复杂问题，那么开始之前只看球队名册你就能知道比分。

这种不同是脱贫战争失败的根本原因，它的设计者们认为它更像是一台喷气发动机，而不是一场足球赛，他们坚持一个观点：运用他们的大脑和大量纳税人的钱，他们就能顺利地对贫困的各个层面进行归类并设计一些机械化方案来“解决”它们。这种错觉是贯穿从伍德罗·威尔逊、罗斯福、约翰逊时期直到今天那些标志性进步政策的主线，并伴随着从免费社区学院到“旧车换现金”的建议。所有依靠政府来解决本质上复合的社会问题的人都认为美国是一个大的复杂问题，通过科学方法就可以解决。

这就是经济学家弗里德里希·哈耶克（Friedrich Hayek）所说的“科学主义”，也就是人类的问题可以像一组方程式一样得到解决——就好像人类像物理定律一样可以预测。这是支撑 19 世纪和 20 世纪像恩格斯“科学社会主义”和伍德罗·威尔逊“科学公共管理”理论的想法。前者杀死了数以千万计的无辜者；后者分解了联邦政府的规模。

贫穷是一个动态的人类现象，它随着激励机制、不完全信息以及人们行为的变化而变化。中心策划者的骄傲阻碍他们看到这一点，在伪科学状态下，他们无与伦比的信心只是一个实用的哲学错误——把它当成一场梦幻足球。但是人的生命处于危险之中，就是因为官员们没有看到真正的足球，所以虽然联邦政府每年在 80 个不同的反贫穷项目上花费近 1 万亿美元，却没有使贫困率有所松动。这并不是说，消除贫困是徒劳的努力，至少比海鹰队在周日赛场上的徒劳无功要好一点。虽然没有一个数学公式可以算出谁会赢得足球比赛，但是球队总会有胜负之分。是什么将它们分开？有三件事最重要：工作、文化和价值观，而且毫无疑问，这些正是所有复杂人类努力中成功的元素，这些元素涵盖了从商业到家庭生活的各个领域。当我们将这些原则用于消除贫困时，我们不会“解决”贫困问题——但是做了就会比不做获胜的机会大，而且会在减轻痛苦和满足需求方面取得真正的进展。

这不只是猜想，事实上，在历史上一个短暂的时期里，通过这样做，我们取得了真正的进步。

我们所知的福利末日——或者看起来是这样

到 1994 年莱昂·达什记录罗莎·李·坎宁安生活的时候，美国人已经受够了。我们可以清楚地看到脱贫战争助长了一种依赖文化，当然，这种文化很昂贵，但更重要的是，它伤害了它试图要帮助的人。

美国人可能愿意这样无止境地花冤枉钱，但他们不愿意伤害自己的同胞，尤其是那些最弱势的群体，人们渴望改变。就在这个时候，我们在脱贫战争中看到一个难得的亮点——福利改革。

对改变必要性的认识持续增长了很长一段时间，我记得小时候曾听到有人把他们的福利支票当作“工资”，甚至在很小的时候，我就知道福利支票和薪水的区别，我的家人也看到了将两者混为一谈对别人意味着什么。不管他们是否读过《华盛顿邮报》的揭露报道，每个人都知道这个系统不好。

经过一场对民主党左翼旷日持久的政治斗争，国会最终在 1996 年通过了一系列改革法案，在其他事项中，人们接受福利支持的时限发生了变化，同时要求人们通过工作获得收益。

这不是对福利国家的右翼反击。可以肯定的是福利改革的萌芽开始于保守派，有些人就来自像 AEI 这样的智库，另一些人则是像威斯康星州州长汤米·汤普森那样的从业者，他们证明改革可以帮助人们走向独立。但是从国家层面来讲，是共和党议员和民主党总统之间的合作使改革成为现实，每个人都冒着失去政治资本的危险为人民追求幸福而战。

当比尔·克林顿最终在玫瑰园签署《1996 年个人责任和工作机会协调法案》时，他邀请了一位特殊的客人，她就是莉莉·哈登，一位来自小石城的 42 岁的母亲。10 年前，克林顿曾邀请哈登在一次州长会议上发表演说，分享她摆脱福利、进行工作的经历。克林顿记得在其他 42 名州长面前，他曾问她关于自给自足，最好的事情是什么？“当我的孩子去上学，”她告诉克林顿，“别人问你妈妈以什么为生时，他能给出一个答案。”[28]

“我永远不会忘记，”克林顿在签署福利改革法案时说，“从现在开始，美国应对这一重大社会挑战的方法不再是永无止境的福利怪圈，而是尊严、力量、工作准则。”

植根于保守主义原则的福利改革被证明是成功的，你甚至不必使用保守主义者的话来描述它。克林顿总统曾这样描述改革10周年的成果：

> 在过去的10年中，福利名单已经大幅度缩减，从1996年的1 220万降到了今天的450万，与此同时，个案量下降了54%，摆脱福利的母亲中60%找到了工作，远远超过专家的预测……20 000多家企业雇用了110万前福利受助人……2000年，儿童贫困率下降到16.2%，创1979年以来的最低；2000年，领取福利的美国人比例达到了40年来的最低水平。[29]

改革前的30年里，领取福利的美国人数量从未出现过显著降低，改革后仅仅10年的时间，数量就下降了一半多，数百万贫困的美国人终于体会到“伟大社会”的承诺，这些原以为会失业的人开始赢得自己的成功。

随着工作机会的增加，幸福感也在增加，一项研究发现单身母亲自我报告的幸福感由于福利改革有了显著改善，[30]系统的变化有助于解释为什么单身母亲和其他人口之间的“幸福鸿沟”在1972年到2008年间显著缩小。[31]

对美国来说这是一个伟大的时刻，务实保守的改革者们与灵活自由的总统合作，止住了那些无效的反贫困政策所造成的浪费。这场胜利包含了两个重要的教训。

第一，当政府认识到贫困是一个复杂问题而不是复合问题时，它能够帮助那些穷人，按照定义，保障网不是没有希望的，它并不总是把人变成依赖政府的寄生虫，福利改革表明除了那些真正不能工作的人，该系统可以通过要求工作、限制发放福利的持续时间的方式来补救，政府的工作必须符合人性，而不是试图掩盖它。

第二，很显然，正确的改革能够真正提高许多最弱势群体的生活品质，那些从领取福利过渡到参加工作的人不仅仅缓解了物质上的贫困，而且像领导人在实施“伟大社会”计划时所承诺的那样向人类的全面繁荣迈出了一大步，用约翰逊的话说，他们终于“与大多数人一起沿着通往希望和繁荣的高速路”前进了。

福利正在成为它意味的那样——暂时的帮助，而不是永久的条件，这也是美国人所希望的。2009 年，奥巴马上台后，一项民意调查询问美国人是否赞同这样的陈述，“应该把工作或准备工作作为那些接受现金、食物、住房和医疗援助的健全成年人接受政府福利的一个条件”。这一观点得到了 92% 的自由派、97% 的保守派、96% 的民主党人、97% 的共和党人的支持。[32] 在这个左右翼很少达成一致的两极时代，这样的共识是很不常见的。

乐天派认为福利改革是永久的，而以工作为基础的安全网项目的原则可以迁移到其他帮助穷人的项目上。1996 年的变化主要集中在《对受抚养儿童家庭的援助（AFDC）》上，这个项目后来更名为《对贫困家庭的临时援助（TANF）》。1983 年这个项目涉及了 4.2% 的美国家庭，而到了 2011 年其比例下降到 2%，显然，这只是给穷人提供食物、住房和现金援助方案的大规模项目网络的冰山一角。

当然，福利改革的成功势必激励政治家们将同样的经验教训应用于其他领域，对吗？

错。以工作为基础的改革并没有被广泛应用，却因为来自那些从来没有将和平与福利改革摆在首位的人的强烈抵制而终止了，科学公共管理再次起作用。

如今的福利和贫困

事情发生在 2008 年：一场针对公共政策的完美风暴袭来。美国进入了 70 年以来最严重的经济衰退，房价下降约 30%，[33] 对于数以百万计将财富寄托在自己家园的美国人来说，这等于集体亏损 6 万亿美元。[34] 股市方面，根据标准普尔 500 指数的衡量，下降了 57%，[35] 所有美国家庭的资产净值减少了 16 万亿美元——下降了 24%，[36] 约 900 万人失业，[37]6 年后，美国经济仍未全面恢复，就业没有达到经济衰退前的情形。

在这些经济噩梦中迎来了奥巴马总统的当选，他的目标是通过一个全新的充满活力的联邦政府实施传统的渐进式政策，由于众议院和参议院也掌握在民主党手里，奥巴马能够兑现他的诺言。他通过了大规模经济刺激开支法案；鼓励美联储增加货币供应量，增加的数额是前所未有的；通过广泛的新途径调节金融体系；将医疗保健系统的核心纳入到政府控制之下。

奥巴马执政期间福利支出也大幅增加。参议院的一项报告显示，从 2009 年到 2013 年，福利开支总计达到 3.7 万亿美元，[38] 这几乎是联邦政府这一时期在交通、教育和美国航空航天局开支总数的 5 倍，同时政府试图取消福利改革的两党工作要求。自从 1996 年法案通过签署以来，各州要求至少有一半成年福利受助人参加适当的“工作活动”，但是2012年美国卫生和公众服务部宣称只要自己认为合适，完全有权签发豁免要求。

然而最重要的是，政府正把注意力从贫困本身转向由收入不平等所带来的顽疾。确实，比起他的前任来，总统对穷人的问题谈得少了，乔治城大学一名研究者2013年的分析表明，奥巴马总统提到穷人的次数比过去几十年的任何一任总统都要少，[39]在他关于社会阶层的公开声明和公开讲话中，只有一次在提到一个社会阶层时花了1/4的时间提到穷人，与之相反，罗纳德·里根（Ronald Reagan）的公开声明中有2/3的时间谈到了穷人。

与过去不同的是，现在，谈话的内容指向美国富人和穷人的收入差距，总统宣布收入不平等是“我们这个时代一个明确的挑战”，[40]它“破坏了美国的本质”。[41]

如同任何一个伟大的故事，政府的不平等故事里也有坏人：富人和保守的美国人。奥巴马先生认为不需要关注被经济政策甩在后面的人，在一系列出色的进攻中，他一再指责普通民众不赞同他的这个想法，[42]他称共和党的想法为“几乎不加掩饰的社会达尔文主义”，把他们的目标描绘成“为下一代搭起（机会的）阶梯”。

有了这样的评论，总统就不只是与保守主义者意见不一致了，而是在说我们道德沦丧，我们不关心失去工作的人，不关心生来就贫困的人，不关心需要帮助的人。

全国各地的保守主义者对他们总统所进行的人身攻击感到愤慨，但是既没有实质性的反贫困日程傍身，又找不到道德语言准确地攻击政府的失败，他们缺少一种富有成效的宣泄挫败感的方法。

在绝对贫困面前，将重点放在以不平等的形式出现的相对贫困上，这已经够糟糕的了。在奥巴马政府执政过程中，不平等的情况实际上加重了——这是最具讽刺意味的，也是灾难性政府无能的证据。事实上，富人已经变得更富，穷人变得更穷了。

细想一下事实吧。事实上，经济的上半部分已经以良好的态势从大萧条中恢复过来，2009 年 1 月以来，道琼斯工业平均指数身价增长了两倍还要多。2013 年一年标准普尔 500 指数出现了 20 世纪 90 年代末以来最大的年度增长，而这种市场持续激增的回报大多被挑选出来的几个人获得。

纽约大学经济学家爱德华·沃尔夫（Edward Wolff）研究发现，美国收入最高的 10% 的人现在持有股票和共同基金的 81%、金融证券的 95%、企业股权的 92%、非家地产的 80%。[43] 结果是，通过投资市场（通过创造货币）促成的经济增长将被证明是极端的倒退。果然，经济复苏所带来的实际收入增长中高达 95% 的部分直接流向非常遗憾的“1%”。[44][怀疑论者可能会注意到，最后一个发现属于艾曼纽·赛斯（Emmanuel Saez），一位与法国著名经济学家汤玛斯·皮克提（Thomas Piketty）合作的“左倾”经济学家。]

经济复苏期间，美国最富有的 5% 的人（平均收入超过 32 0000 美元）是美国家庭中唯一见证了 2009 年至 2013 年间平均通胀调整后收入增加的群体。其他的收入群体在这一时期全都经历了实际收入的下降。

那么收入最低的 20% 的家庭怎么样呢？这个收入群体在经济复苏期间遭遇到最艰难的时刻，他们的实际收入从 2009 年到 2013 年平均下降了 7%，是所有收入群体中下降比例最大的。[45]

可以预测的是，穷人对政府的依赖在大规模增加，领取食品福利支票的美国人数量激增，[46] 如今 7 个人中就会有一个人贫困到只有把政府资助的食物带回家才能喂饱他们的孩子。

与此同时，领取政府残疾保险的人数也激增了20%，这并不是因为工伤事故出现了前所未有的泛滥，而是因为对于数以百万计绝望的美国人来说残疾可以作为永久性失业的有效理由，这些人不会变富，他们2015年的月均收益为1 165美元，年收入约14 000美元。[47]人们非常绝望，以至于很多人放弃找工作，情愿永久生活在贫困线以下。对穷人来说，依赖潮渐渐上涨，工作潮渐渐退去。正如我们说过的那样，劳动参与率，也就是测量有多少人正在工作或正在寻找工作的指数，2014年10月下降到了62.7%，这是自卡特政府以来的最低数，数百万人放弃了重新找到工作的希望，永久地退出了劳动力队伍，当然也歪打正着地降低了政府失业率。一名《纽约时报》记者用具有讽刺性的描述把它完美地体现出来："我们基本上是通过降低参加劳动大军的美国人比例的方式'从衰退中复苏'的。真是太棒了！"根据美联社的分析，在经济衰退结束三年后的2013年，收入分配最高的20%的美国人（收入为150 000美元或更多）中失业率为3.2%，从统计数据来看，这一数据考虑的是全职工作。收入分配最低的20%的美国人（收入低于20 000美元）中失业率超过21%。[48]对于非裔美国青少年来说，失业率高达33.2%。[49]所有这些数据中没有一个包括那些放弃寻找工作退出劳动大军的美国人。只有那些积极寻找工作但没有找到的才被算作"失业"。

从客观角度来看这种现象，1932年——大萧条时最糟糕的时期——全美的失业率为22.9%，[50]所以对于那些如今处于经济最底层的民众来说，大萧条时期的失业率与现在经济复苏期本质上没有什么差别。

在收入不平等这个问题上都发生过什么事情？它是每届总统竞选

的中心议题，是衡量当届政府是否坚持平等进步的标准。经济学家用“基尼系数”来计算收入不平等——“基尼系数”为位于0和1之间的比例数值，0代表非常平等，1代表非常不平等（只考虑拥有100%收入的一户家庭）。从2009年1月以来，美国家庭收入的基尼系数从2009年的小于0.47上升到了2013年的0.48。是的，收入不平等正在愈演愈烈。

事实很清楚，对高收入的美国人来说，经济发展是强大的、不断增长的，但是对于处于经济底层的人来说，工作、升迁、获得成功的机会都正在消失，政府表面上对穷人有利、对富人强硬的治理方式带领我们走向一个新的美国镀金时代。我们渐渐地变成了两个美国，在一个美国里，几乎有无限的机会和繁荣，而在居住着最贫困人群的另一个美国里，我们仍处于大萧条的深渊。

政府没有寻找真正的解决方案和赋予真正的希望，而是给那些生活在社会最底层的民众带去阶级仇恨，以及站在国家的高度要管管罪恶的富人和政治保守派的空洞口号。

我们需要一个更好的解决办法

我们来回顾一下。经过50年巨额资金的投入，美国政府似乎满意地看到贫困不再那么让人无法忍受，然而白宫的另一任驻守者正在承诺用同样的旧政策带来不一样的结果。穷人被越甩越远。

鉴于这些结果，为什么我们总是不断地重复使用这个陈旧的、无效的剧本？这并不是说选民都疯了，而是每一个人都知道我们必须做点什么来帮助苦苦挣扎的人们，那些陈旧理念似乎是唯一可供使用的。

保守派已痛斥了这个福利国家，那些批评往往是有道理的。但是我们却几乎没有其他可供选择的方法，更不用说很多了。这一点也不奇怪，当奥巴马总统宣称保守派不会关心那些小人物时，美国人真的相信。2013 年 9 月由《赫芬顿邮报》和优购物（YouGov）进行的一项典型调查表明，51% 的美国人认为共和党（GOP）最感兴趣的是帮助富人，28% 的人认为是中产阶级，7% 的人认为是穷人。[51]2010 年 10 月，作为一个“更关注像我这样的民众”的政党，民主党的支持率超过共和党 11 个百分点，到 2014 年 10 月，翻番达到 21 个百分点（54%:33%）。[52]

当超过一半的民众认为你根本不关心他们的时候，你很难说服他们把权力赋予你。更确切地说，当只有不到 1/10 的人认为你会把穷人的利益放在首位时，你不可能让他们相信你可以改造这个福利国家。

5 个简单的事实可以描述我们如今所处的遗憾境地：

1. 美国正将弱势群体抛在后面，我们当然觉得无法接受。
2. 脱贫战争并没有成功，过去的 7 年，情况急剧恶化。
3. 民众知道这些事实，并本能地怀疑传统的大政府福利政策。
4. 虽然保守派批评那些过时的政策，但是却无法提供替代的方法。
5. 民众认为这是因为保守主义者并不真正关心穷人。

半个世纪的传统智慧在消除贫困的战斗中失败了。大政府方式所假定的人类发展的物质至上和机械化论调，使得整体解决方案的出台成为不可能。对于保守派来说改变这一情形的唯一途径是显示我们关心并会对这个国家的发展提出新的设想。这一新的设想必须由机会乐观主义来指导，必须在一个谨慎、可靠的安全网上对那些真正需要它的民众宣布和平，必须合理利用私人企业这一工具，承认努力工作的深刻价值，明确撒玛利亚好人的道德标准。

我们在哪里能找到这样的设想？不是在大学教室里，更不是在智库里，事实证明，我们会从以前住在大街上的那些人身上找到它。

第三章

推桶：诚实工作如何让我们更高尚、地位更高

达拉斯·戴维斯（Dallas Davis）从小没有父亲，母亲酗酒，在他的成长过程中没有榜样可以参照。七年级的时候他辍学，15 岁时离开家参加了一个帮派，他的生活充斥着毒品和酒精，以及为了得到这些所要做的事情。

对于一个几乎无路可走的年轻人来说，这种生活方式可能一度看起来像一种让人着迷的逃避，但是很快它就露出了致命陷阱的真面目，最后达拉斯流浪在纽约街头。严寒的冬天，他寻找着避难所，在教堂里，在废弃的建筑物里，最终流落到中央车站。正是在那里，在装饰车站天花板的脏兮兮的星座下面，他无意中发现了一条改善生活的途径。

一个特别寒冷的日子里，达拉斯披着毯子，蜷缩着躺在角落

里，这时一个陌生的男人走过来，他自称乔治·麦克唐纳（George McDonald），中央车站里无家可归的人对这个名字都很熟悉。乔治是一个粗声粗气的、工薪阶层的天主教徒，他曾在无数个夜晚向以车站为家的流浪汉分发三明治，但是当地的法规并没有支持这一善举：因为为无家可归的人分发食物，乔治曾被捕过 4 次。

达拉斯被这一举动惊得目瞪口呆，“那时我已经几乎放弃生命了，”他后来解释说，[1]“我又脏又臭，让人厌恶，我都讨厌我自己。”但是当乔治跟他说话时，“我在他眼中看到的不是仁慈或者怜悯，而是认可。他认可我是一个人。”乔治把对无家可归者的一个简单的善意举动扩大了，而这一善意举动对其他人来说就很难做到。他把他们看作真正的人。

乔治已经做了很多了，但是还不够，他从另一个无家可归的人——一个被称作“妈妈”（Mama）的女人——那里了解到这一点。1985 年的圣诞前夜，乔治分发礼物和食物时，给了“妈妈”一个包装好的围巾并祝她圣诞节快乐。[2]

那是她活着的时候，乔治最后一次见到她。

凌晨 1 点 30 分车站关门了，交警把那些无家可归的人赶到零下 20 摄氏度的车站外，“妈妈”蜷缩在地铁门旁边，等待数个小时，直到车站重新开门，她挤进车站，疲惫的身体躺倒在主候车室的木质长凳上。几个小时之后，当城市中的孩子们爬出温暖的被窝扑向礼物的时候，一名警察发现了躺在长凳上的“妈妈”。[3]

她已经死了。这个城市里的无名氏（Jane Doe：不知身份的无名女尸代号），死时还系着乔治送给她的围巾。

乔治听到“妈妈”死讯的时候，这个噩耗深深地刺痛了他的心。他由此意识到，分发三明治和一些小礼物是很棒，但是远远不够。日复一日，人们需要一块三明治果腹，他们也需要创造真实未来的尊严，这就意味着他们需要的不是接受施舍而是付出自己的努力并得到认可。

于是，经过反复思考和讨论后，乔治和他的妻子哈里特（Harriet）扩大了救助的规模：他们以“妈妈”的名义开设了一家名为“无名基金”的收容所兼工作培训机构。无家可归的人——许多是刑满释放人员——住在改造过的哈莱姆（纽约的黑人住宅区）校舍里，学习如何工作、赚钱；保持清洁和头脑清醒；以拥有价值创造、价值意识的状态毕业，准备进入社会。“无名基金”的目标不仅仅是帮助无家可归的人生存下来，而且帮助他们通过真正的、有价值的、诚实善良的工作尊严改善自己的生活。

达拉斯·戴维斯 2009 年第二次见到乔治·麦克唐纳的时候，“无名基金”已建立并运行。

然而达拉斯并没有直接从中央车站来到“无名基金”。像很多沉浸在服用、贩卖毒品之中的人一样，他进了监狱。当他即将出狱时，却意识到自己根本无处可去。他的家人不管他，旧相识们一定又会把他送上老路。

就在达拉斯看到一张监狱广告传单上面印着“无名基金”的“准备、意愿和能力”项目时，他记起在中央车站与乔治的相遇以及乔治给予他的尊严。所以他出狱的时候，恳求律师为他作推荐。律师在“无名基金”的哈莱姆中心为他安排了一次加入其中的面试。

即使是对一个擅长疑难案件的项目来说，达拉斯的记录看上去也是充斥着暴力，他曾经在参与打架、重新吸毒后被赶出先前的避难所和救助项目。为此，哈莱姆中心主任纳泽尔·格里芬（Nazerine

Griffin）怀疑地看着坐在他对面的这个穿着衬衣打着领结的惯犯。

但是众所周知，纳泽尔并不只是这里的雇员，他也是从“无名基金”里毕业的，毒品交易商曾是他最好的顾客。就在几年前，纳泽尔曾经醒来发现自己趴在人行道上，因为躲在停着的车下逃避警察抓捕时睡着了。他也做过药物戒毒治疗，却在戒毒成功后发现自己除了城市收容所根本无处可去，而收容所是一个令人沮丧的地方，用他自己的话说，“就是一个没有出路的人类仓库”。

在寻找更好选择的过程中，他来到了“无名基金”，并在 1998 年成为其早期的毕业生，11 年后他的工作是面试那些项目申请者。

正如达拉斯很快了解到的那样，纳泽尔很严厉，“你准备好改变你的生活了吗？”带着几分严厉，他问达拉斯，“你真心想投入到工作中吗？”

达拉斯告诉纳泽尔他准备好了，但是在那些难以回答的问题中，他察觉到了一种与他以前的生活经历不同的东西，“在我的生活中我见识过很多机构——监狱、儿童之家、药物研究项目，他们总是告诉我他们能为我做什么，这是第一次有人问我，我能为自己做什么。”

纳泽尔相信了达拉斯的话，接受了他，使他有机会重新开始。录取之后，达拉斯作为“无名基金”中的一名“蓝领工人”被分配去“推桶”，从过去到现在，这一直是新加入者工作进程中的第一步，每天“无名基金”的学员们都穿上亮蓝色制服，拿着扫帚和水桶，打扫纽约城里 150 英里的主要街道和人行道。

起初达拉斯以为自己会很讨厌做这样的工作，但想不到的是“结果我根本不介意，事实上，我还有点喜欢这样的工作”。

这听起来似乎不可思议，但是任何一个曾在普通的工作中找到内心平静的人都和达拉斯有同样的想法。“推桶”给了达拉斯时间去思考，给了他机会去制定可以实现并超越的具体目标，给了他理由让他每天早晨被闹钟叫醒。“不久，”达拉斯说，“我开始意识到我在大街上捡到的不仅仅是垃圾，还有价值观、道德和原则，我正在捡回自尊，然后当我回头看着那些我刚刚打扫干净的街区，我看到我做过多么伟大的工作的时候，我意识到我已经重拾了我的骄傲。”

在接下来的几个月中，达拉斯打扫了所有的大街，他在哈莱姆河公园，在东中城区，在麦迪逊大道，甚至在公园大道“推桶”，他成为上班族熟悉的人。“我记得我看到走在上班路上那些衣着考究的人们，他们走过我身边，对我说，‘早上好，达拉斯’，那些走在公园大道上衣着讲究的人——居然跟我打招呼！”

在他无家可归的时候，人们对他视而不见，急匆匆地从他身边走过，现在走在公园大道上的上班族都跟他打招呼，有些人甚至知道他的名字。当然穿上蓝色制服只能得到一点点尊重，纽约人实在应该对此感到羞愧，但是达拉斯却对此兴奋不已。

那个冬天，纽约遭遇了一场巨大的暴风雪，这场暴风雪使整座城市陷入瘫痪。当大多数人躲在家里的时候，达拉斯和他的蓝衣伙伴们却冒险走出家门，使用铁锹、扫帚开始清扫道路。达拉斯不能相信他走了那么远，“我们在户外，为老人，为孩子，为上班的人清扫出道路，我们曾经是一群睡在垃圾箱里，火车站里，大桥下的人，是社会认为一无是处的人，但是如今我们却能让这座城市恢复活力。”

这样的重要时刻越来越多，不断累积，他表现得总是那么有男子气概，但是当他拿到生命中第一份工资时，却号啕大哭起来，“无名基金”支付的工资比最低工资要多，让达拉斯落泪的不是支票上的数字，而是支票所代表的意义，“人们真的相信我能做些事情了，而且因为我做的事情付我薪水也是值得的。”这在以前从未发生过。

经过三个月的“推桶”，达拉斯已经欲罢不能，他报名参加了“无名基金”中一个教授节能建筑保养的技能就业项目，这就意味着每天早晨4点半起床，然后一直学习到吃早饭。他学会了如何修理锅炉和自动喷水灭火装置，并获得了由职业安全与健康管理局颁发的证书，并以班级第一名的成绩完成了学业。想象一下，这对于一个中学辍学、20多年的时间里都认为自己毫无价值且毫无前途的人来说意味着什么。

达拉斯甚至被推选代表所有的毕业生在毕业典礼上发言，“我叫达拉斯·戴维斯，”他说，“我很自豪地说，站在你们面前的我有全职工作，有住的地方，财务状况良好，和孩子们恢复了关系。”整个典礼沸腾了。

回首往事，达拉斯说是“准备、意愿和能力”项目为他做了“我的老师、法官、项目主管都无法做到的事情，而这些事情说明他是有潜力的……这可能就是许多年以前在中心车站乔治·麦克唐纳在我眼中看到的”。

达拉斯·戴维斯的故事是不寻常的，可是更不寻常的是，它并不是独一无二的。从1990年至今，“无名基金”已经帮助超过22 000人恢复了正常的生活。它的成功让人吃惊，尤其是当你知道学员中大多数是瘾君子、无家可归的重刑犯——其中许多人曾因暴力犯罪而被关押的时候。这些暴力罪行是暴力案件中最残酷的，而这些人，在许多人的内心深处从来不被当作美国梦的参与者。他们是文明社会不再信任的一群人，连他们自己也不再相信自己。但是“无名基金”却找到一条路帮助他们重组生活碎片，踏上崭新的、有意义的、有尊严的人生旅程。

他们是怎么做到的？在那么多人失败的地方，“无名基金”是如何取得成功的？我需要走进纽约，亲自找到答案。

以前的校舍如今成为“无名基金”哈莱姆机会中心，穿过一道道前校舍的大门就像走进一片希望的绿洲，外面是纽约治安最差、前景最暗淡的街区之一，里边启迪和鼓舞的迹象却随处可见。

进入大门首先看到的是一个写着“工作，看得见的爱”的牌子，在对原无家可归人员进行餐厅工作培训的自助餐厅里，马丁·路德·金博士的话尤为醒目：“一切人类的劳动都是有尊严、有价值的，应予以勤勉、称赞。”从纳泽尔的办公室到洗碗区处处体现着这一种精神。

乔治和哈里特接手这所老学校以后就着手整修危房，他们修建了一座木质结构的图书馆、一间教室、一个带有大屏幕电视的娱乐室、一座可以俯瞰哈林河的美丽庭院，这些装饰违背了高层领导的一些建议，“市府官员们说，‘你不用把这里整修得太漂亮，因为他们会不想离开。”乔治面带苦笑地告诉我，“当然这是一个从未与 9 个人共住一室的人说的。”当然乔治还是坚持安装了这些设备，它们具体体现了“无名基金”的核心原则：对每个到这里来的人进行认真的、真正的投入。

我曾经来过“无名基金”，因为乔治和哈里特曾邀请我为学员做过一次讲座，讲座内容是谈论一下我的关于幸福生活因素的最新研究，但是与这些蓝衣学员交谈的 5 分钟让我有把笔记扔掉的想法，他们不需要戴着时髦眼镜的瘦小智库总裁做什么博士讲座，我需要从他们那里学到一些东西。

听得越多，我就越觉得听的人不应该就我一个，整个美国都需要听一听，这些原则和做法是关于这个国家如何修复其解决贫困的破碎方法的，正如最后一章清楚阐述的那样，我们的社会——通过传统的福利政策——所有人都情愿忽略自己的邻居，将他们视为负担，以最低的代价来进行管理。我们应该抛除这种想法，并宣告所有人在道德上都是平等的，“无名基金”里的人，不论男女，都了解这种想法，因为他们都曾亲身经历过。关于保守的心这方面，他们所教给我们的比任何一项政府研究都要多。

我向我的新朋友作出承诺，一定将他们教给我的分享出去。“无名基金”工作做得有声有色，主要经验有四条。当一个国家让穷人越来越穷的时候，这些经验，我相信，一定能激励保守的心找到帮助他们的新途径。

经验 1　人民是资产，而不是债务

当你从一个无家可归的人身边走过时，你会看到什么？

乔治和哈里特有一个明确的答案。他们没有把流浪者当成累赘，而是以乐观的企业家心态把他们看作未充分利用的财富。

在商业世界，你是如何处理债务的？首先你会尽量消除它，如果消除不了，就会控制它，尽量减少它所导致的问题以及带来的成本负担。这也正是许多城市处理流浪者问题的方式。虽然流浪者中大多数是怀有善意的，但是有缺陷的系统却把他们塞进了充满着大量毒品和害虫、希望渺茫的避难所。他们中大多数人能够生存下来，然而很少有蓬勃发展的机会。

可是乔治和哈里特在看到睡在公园里的流浪者时，他们看到了宝贵的人力资源，看到了创新秘鲁经济学家赫尔南多·德·索托

（Hernando de Soto）所说的“死资本”——一种含有很深的内在价值，需要激活的蛰伏资产。

这绝对不是认为人天生就是造钱机器的物质至上的观点，把人看作社会的资产意味着他们能够创造你所希望的价值——这是以神的形象来创造的价值。

因为了解这个，乔治和哈里特成了社会企业家，他们的目标就是使所有的人力资本恢复生机，完成这一目标的方式便是提醒每一个人都拥有工作能力、服务他人的能力、成为社区创造性一分子的能力。简而言之，他们看到了这一现行制度忽略的价值并找到一个方法来激活它。

这一项目面临着重重困难，这就是这些流浪者被大多数人放弃乃至自暴自弃的原由。“无名基金”70% 的参与者都曾犯过罪，大多数曾吸毒成瘾或酗酒。[4]

研究清晰地表明，总体来说，拥有这些特征的人会表现很差，据美国司法部统计，每年从州及联邦监狱释放的 700 000 人中，2/3 的州监狱犯人和 40% 的联邦监狱犯人会重新入狱或在三年内被撤销刑期监外执行，[5] 10 个前囚犯中有 6 个在获释一年后仍然处于失业状态。[6]

“无名基金”的毕业生推翻了这些统计数据，在转入全职工作 6 个月后，70%“准备、意愿和能力”项目的毕业生留在了新的岗位上。一项通过刑事司法服务纽约州司委托，由哈佛大学的布鲁斯·韦斯顿进行的评估表明，“无名基金”毕业生在完成学业后三年内犯重罪的可能性比那些释放后直接进入救助系统的人要低 60%。[7]

这些令人称奇的数据来源于一个简单的原则，乔治、哈里特和他们的同事在遇到的每个人身上都看到了追求真正幸福的潜力。他们在吸毒者和贩毒者身上看到了这种潜力，在罪犯和囚犯身上看到了这种潜力，在无家可归者和无望者身上看到了这种潜力，他们的工作就是激励这些人通过来自诚实艰苦工作所得到的成功去追求这种幸福。

当这些人走进“无名基金”哈莱姆机会中心的大门时，他们中的很多人第一次被当作珍贵的资产来对待，当你用尊严和尊重对待他们时，一件有趣的事情发生了：他们通过赚取这种信任作为回应。

经济学只是这其中的一小部分，但是数据非常值得一看，从创建以来，“无名基金”的社会企业已经创造了 75 亿多美元的收入，就因为这对夫妇把他们看作是可以授权的资产，而不是需要管理的债务，这些无家可归的人让接近 100 亿美元的“死资本”起死回生，大约 1/3 的收入直接进入了蓝领人的腰包——更确切地说，进入了那些全新的储蓄账户。这是他们用来重建独立的、自给自足生活的资本。通过帮助这些无家可归者成为生产者，“无名基金”估计在社会投入方面为纽约省下了 300 亿美元。

想象一下如果这些成果扩大到整个美国，将会意味着什么。在这篇文章中，美国劳动力参与率——参与工作或正在寻找工作的人口比例——为 20 世纪 70 年代以来最低。[8] 数以百万计的美国人干脆放弃找工作的尝试，已经完全退出了劳动力市场。而且 2014 年 6 月大约 750 万美国人被困在他们不想做的兼职工作上，因为他们找不到全职工作，而在 2007 年，这个数据仅仅是 440 万。[9]

我们可以探讨谁该为这场悲剧负责，但还是先暂放一边吧。不如先想一想我们手头所有激动人心的机会，如果 2.2 万个无家可归的人通过工作创造 7.5 亿美元的收入，并同时找到生活的目标，想象一下这个国家将取得什么样的成绩。

经验 2　工作是一种幸福，而不是惩罚

当你从街上的流浪汉面前经过时，可能会给他一美元或者为他买一个三明治。人们会讨论这些行为是好还是坏，我的妻子——她已经把我们的车改造成一个为路口乞讨者提供帮助的流动食品储藏室——曾经给过一名流浪汉一整个派（我想是苹果派）。

但即使你很慷慨，也没有人会真的认为这就是那些无家可归的人真正想要的。认为一个无家可归的人会满足于自己所用的想法是很疯狂的。每个人都渴望获得属于自己的成功。

乔治·麦克唐纳在分发三明治时了解到这一点。“他们一再地说，他们喜欢三明治——但是他们真正想要的是一间房子和一个可以挣钱买到三明治的工作。我听到这种说法很多次，足以让我确信他们真的很想工作。”

但是有一个明显的问题，很少有无家可归者和先前坐过牢的人可以抓住经济阶梯的第一层梯级，更少有人可以爬上去。他们没有受过教育，没有工作经验，一张刑事犯登记表使他们甚至比同样没受过教育、无工作经验的其他人更缺乏吸引力，他们根本没有机会找到一份工作。

这就是“无名基金”把可挣钱的过渡工作作为核心方法的缘故，正如我们所了解到的那样，所有这些都从“推桶”开始。很容易想象，有些人在这个工作中精神焕发。也有些人说，把那些弱势群体带走，付给他们钱，让公园大路为购物者和上班族变得更漂亮难道不是一种不尊重吗？

但是这一观点假定了一些重要的东西，它假定了一旦付费工作到达一定的声望阈值，它就是有尊严的。毫无疑问，做一位大学教授或者一名工程师是有尊严的工作。但是扫大街或者烙牛肉饼呢？这些是资本主义不公平地强加于人的可怕惩罚！在白领的职业生涯和“死胡同工作”之间的某个地方，存在着一条触碰尊严的假想线，在这条线下面，最好不要工作。

这种假想在今天的美国传播甚广，这实在是大错特错，乔治和哈里特所发现的真相更简单、更颠覆：有回报的工作不管在哪儿都是一种幸福。

这意味着我们应该忽略社会流动性吗？对那些阻碍人们攀登经济之梯的复杂因素视而不见吗？当然不是。当我们考虑这些挑战时，我们的思想必须从有工作远远比没有工作要好这一事实出发。诚实的、有创造力的工作本身不是一种惩罚，而是一种幸福。

当然，这不是说所有这些都来自我一个人。像许多中下阶层的美国人一样，我也做过低技能的工作，它教给我很多关于真正生活的内容。但是没有人会假装把这与那些不能拥有有意义工作的上百万人的奋斗做比较。

所以在这个问题上不要引用我的话。引用那些了解这一问题的人的话——像另一个“准备、意愿和能力”项目的毕业生德文·格林这样的人。

德文·格林的生活有一个艰难的开始，他 6 岁时，母亲死于艾滋病，祖母尽自己最大的努力去抚养他，但她是通过允许毒品分销商从她家里贩卖毒品的方式做到这一点的。几次活动之后，德文被捕了，关押在位于纽约市的赖克斯岛监狱青年区。他说这是一个看守跟犯罪团伙一样危险的地方。

但是混乱渐渐明晰，“正是在那儿，在所有的暴力和混乱之中，我知道我必须做出选择。这就是我的生活吗？或者我，德文，就想做这样的事情吗？我选择改变。”就像达拉斯·戴维斯一样，德文很快去“推桶”了。

而且就像达拉斯一样，德文没有推太长时间，“你工作得越努力，你得到的机会就越多。一次成功会转化成另一个，再转化成另一个。当机会来临的时候，你抓住它，尽你最大的努力工作，没有什么会阻止机会，也没有什么可以阻止你。”

如今，确实没有什么可以阻止德文的了，他23岁，在大学的第一年，以全额奖学金获得了他的学士学位。他在西奈山医院工作，最近被评为“月度最佳员工”。他不再捡垃圾，但他仍感觉自己在“推桶”——远离他旧日的生活，推向一个光明的未来。

另一个不平凡的人理查德·里克·诺拉特在讲述“推桶”如何改变他的生活时忍不住流下了眼泪。里克由其单亲妈妈抚养成人，妈妈工作时就把他放在舅妈处，问题是，里克说，“每个人都是吸毒者或瘾君子，所以最终我自己也染上了毒瘾，那时候我只有8岁。”

他毒瘾越来越大，最终无家可归。“我过去常常在大街上醒来，从垃圾桶里找吃的，到处找住处。这真让人尴尬，我坐公共汽车，人们都用厌恶的眼光看着我，我很想向他们解释，‘听着，这不是我，我马上就会熬过这个艰难时期。’但是你不能那样解释。”回首往事并不容易，“曾经有几次我想到了死。”

像达拉斯和德文一样，里克的毒瘾让他被捕、遭监禁。但是里克记住监狱生活的方式让我感到吃惊。“从表面上看监狱挽救了我，但我第一次被捕，离开的时候，我有一种如释重负的感觉。‘谢谢你。让我远离了这个世界。’”

在监狱里，里克决定改变他的生活，他学习读书写字，达到了普通教育水平，他通过积攒在监狱里赚取每小时16美分的收入买了一台收音机，这样他就能收听美国国家广播电台的节目，拓展词汇量了。他还幻想着如果他被释放，他的生活会是什么样子。

渐渐地，这些幻想变得更加具体，里克和他最好的朋友皮特·马丁内斯给50个不同的过渡项目写信。16个给他写了回信，允诺在他们释放后为他们提供一张床。但是“无名基金”不同，它是唯一一个没有承诺给他们什么东西的项目。“他们回了信，说‘你来了，我们面对面谈一谈，再决定你是否能胜任这份计划。’”

因为印象深刻，里克和他的朋友决定去“无名基金”，每一个初出狱的人都会去“无名基金”并每周写信向另一个人通报情况。彼得先出狱，并被“准备、意愿和能力”计划接受，他“推桶”，有了储蓄账户，获得了防治害虫许可证。里克利用彼得的信为自己的生活做了一个详细的6个月规划，并把这份规划提交给假释委员会，他们决定给他一个机会。

我在里克到达“准备、意愿和能力”项目一个星期之后第一次见到了他。天气冷得刺骨——这是冬天最冷的时候。他“推桶”的第一条路线已经分配好，后来我请他回想一下第一个星期。“我在哈德逊河边工作，风刮起来的时候那里的气温是零下20摄氏度，”他说，“但是我喜欢，我确实在这个世界上，我可以与人交流，我穿着工作服，人们会走上前来向我问路。我给他们指路，我铲人行道上的雪，往上面撒盐。我曾经对这个城市造成那么多伤害，我的罪行让这个城市的人害怕。如今我发现自己可以打扫、铲雪、帮助人们。我看到人们走到我面前说：‘谢谢你所做的一切。’”

“推桶”恰恰就是进步社会告诉我们的比没有工作更糟糕的那种

工作，那些人应该坐下来好好听里克·诺拉特说一说。

在一个正常的自由企业经济里，很少有人会在入门级的地方待很长时间。“无名基金”也是如此。一旦学员们“推桶”满 90 天，他们便会转到一个该组织的创收业务中，专门接受特定技能培训，这会帮助他们将工作转化为职业生涯。他们会在选择的特定领域做一段时间学徒，如果有需要也可以参加财务管理、面试技巧、GED 准备等课程。一个选择了烹饪艺术科目的毕业生说过这样一句令人难忘的话，“我是从清理排水沟转到融化黄油的。”

在那之后的 9 个月间，“无名基金”会将适合的学员推荐给他们数百个合作伙伴之一。如今，“无名基金”的毕业生从事着各种各样的工作：安全卫士、糕点厨师、汽车修理工、维修工人、数据输入技术员、家庭健康助手、咖啡师、屠夫以及几十种其他职业。他们的新工作平均每小时挣 8.5 美元，许多工作挣得更多，有一些工作高达每小时 39 美元。里克·诺拉特和他的朋友彼得一样做了防治害虫的工作。

正如我们所了解的那样，数据告诉我们钱买不来幸福。所以忘掉薪水，想想真正重要的事情吧。这些人幸福吗？问里克·诺拉特这个问题，他会回视你一会儿，然后重复这个问题。

“我幸福吗？”

他掏掏口袋，拿出一个最新款 iPhone，我以为他会说他很幸福，因为他有一个 iPhone，那我所有的依附理论都会随之被推翻！但是他没有：他只是打开电子邮件，找出一封他老板的邮件。这是那天早晨发的，是对进行紧急除虫工作的紧急要求，“他们非常需要一个人，很紧急。他们打了电话给我。”他的谈话缓慢而有力。“我已经成为公司的一名必要人员，他们需要我，我有一个目标，你理解吗？这些人需要我，以前我从来没有这种被需要的感觉”。

这也正是其他美国人所遗失的东西：这是他们在贬低“死胡同工作”时所遗失的东西；这是他们在认同“挣扎的人依靠政府援助，而不是他们自己的所得，就很高兴”这一谎言时所遗失的东西；这也是所有我们这些每天早晨醒来把“推桶”当成理所当然的人所遗失的东西。

工作给了人们福利所不能给予的自我价值和掌控感，这是一种我们可以控制我们生活的感觉，也是幸福持久的源泉。这么说是因为亚里士多德曾经写过“幸福属于那些自给自足的人”，社会科学也证实了这一点。研究表明，受到公共支持的人诉说感觉没有价值的可能性是那些没有受到公共支持的人的两倍。[10]“非常幸福”的人每周工作的时间比那些“比较幸福”的人的工作时间要长，以此类推，“比较幸福”的人要比那些“不太幸福”的人的工作时间长。[11]

请注意，这与流行文化传达的正好相反，流行文化普遍认为工作是一个苦差事：工作就是拖累，工作很枯燥，工作是惩罚。

大错特错，正如我们之前看到的，最有利的数据不断表明，10 名美国人中超过 8 个喜欢或者热爱他们的工作。而且不可思议的是，该结果稳稳地贯穿整个收入分配过程。“知识就是力量”这个概念正在被践行，但是说每个在车库或餐馆工作的人都厌恶自己的生活，都是一种令人难以置信的行为。

真相更加平等，经济流动性至关重要，而且工资滞涨是美国家庭一个巨大的问题，但是这并没有改变深层的现实，那就是工作而不是金钱，才是我们尊严的根本源泉。在工作中我们建立了品格，创建了生活的价值，塑造了我们自己的灵魂。恰当的理解是，工作是将我们的才能应用于服务他人的神圣实践。

一些人并不明白这一点，他们把低收入的工作当作是惩罚，这就是他们反对福利工作要求的原因。而且，让我们诚实一些，保守言论往往听起来像我们设法迫使人们投入到工作中的苦差事，这两种看法都是误导，我们旨在让每个美国人都感受到工作的幸福，把我们的同胞从游手好闲的苦难中解救出来。

如果不专注于此，我们就会辜负蓝领工人的期望。

经验 3　在鼓舞人心方面价值最重要

通过分享工作的幸福，“无名基金”帮助学员们摆脱了物质上的贫困，但是它赋予的东西比稳定的收入更多，这个项目帮助他们学到了成功生活所必需的价值，并以此来生活。

在被误导的同情中，一些人试图通过用残酷恶劣的环境来解释个人的失败，人们面对比我们所见过的任何情况都糟得多的情形时都会做出糟糕的决定，这时我们谁会瞧不起他们呢?

对谦卑和自我意识的号召是令人钦佩的，正如它所显示的那样。但是其背后的假设却很糟糕。其核心便是这种态度体现了教皇本笃十六世所说的“相对主义的独裁统治”。[12] 不要评判！这种“统治”认为，我们应该把持的道德标准要根据我们工资的大规模上涨或下跌而定。很多时候，我们这个官僚社会所透露的信息是：你穷，你就不能持有和富人一样的标准；如果你睡在中央车站，或者你奶奶使家庭败落，让你住在有裂缝的卧室里，我们就不应该期望你过上正直的生活；你不必尊重他人，不必保持清醒，也不必养活你的孩子。

根据社会经济地位建立一套独立的道德标准并不是慈善行为，而是对穷人的犯罪，是我们对彼此应尽的社会责任的放弃。那些自封的精英们害怕宣讲他们在生活中得心应手的成功秘诀，这种做法是可耻的。

假设让你做出选择，要么将你的孩子交给一个巨大的信托基金，要么培养他们良好的价值观，你会选择哪一个？连一个傻瓜都知道如何作答，你会不假思索地选择价值观，因为你知道如果孩子有正确的价值观，他们根本不需要信托基金。他们可能不会变得富有，但会赢得属于自己的成功并为此感到更快乐。

如果我们不希望人们符合高的道德标准，那么我们就不用可怜他们，因为我们正在剥夺他们的机会。这便是被美国总统乔治·沃克·布什称为“低期望值的软性偏执”的歧视。[13] 我们应该发现这种偏执是让人难以忍受的。

“无名基金”反对这种歧视，它告诉那些止步不前的人，他们能符合和其他人相同的道德标准并因此而成功。该项目对每一个走进这扇门的人抱有很高的期望，并激励他们超越这些标准。

每一个选择参加“准备、意愿和能力”项目的人都被要求签一个合同。条款明确列出对他们的期望以及他们对项目的期望。合同的每一部分都反映了“无名基金”的核心价值观。学员同意遵守这些价值观；作为遵守这些价值观的奖励，“无名基金”承诺给他们工资，提供住处，养活他们，并在他们离开后为他们提供工作、教育、就业安置和毕业生服务。

合同条款包含了诚实、正直的价值观：参加者必须对包括员工在内的其他人真诚，还要遵守秩序；学员们同意着装得体，保持个人卫生，对员工真诚，并保持房间整洁。

为了让学员们认识到节俭的核心价值，“无名基金”会从他们的薪水中强制扣除一部分，存入为每个学员建立的银行账户。一旦工作稳定了，他们则必须存入自己净收入的60%，这样9~12个月后他们离开项目的时候，这些先前无家可归的人便有了可以用来开始新生活的启动资金。

接下来是个人责任观。体现这个价值观的规定是学员同意每天工作，用他们的工资支付租金。这种价值观也包括对家庭的责任。如果他们有孩子，就需要到城市的儿童赡养执行办公室进行登记，这样他们收入的一部分会被扣除用于子女抚养——有道德的生活就意味着要抚养家庭。“你离开这里的时候，”纳兹告诉每一个学员，“你就会成为家庭的支柱。”

还有节制观。如果学员们想工资源源不断地进账，就需要洁身自好并保持头脑清醒。毫无例外，“无名基金”会进行每周两次随机的毒品测试，如果有人被查出来了怎么办？直接踢出项目吗？

后果更严重：会被剥夺工作的权利。这个人的同伴会问：“你为什么会停止‘推桶’？”他将不得不向他的朋友和同事解释，是因为他又开始吸食毒品了。这些人无疑是害怕失去收入的，但是更准确地说，他们不想进行这样的对话。友谊和社区的一部分就是问责，这是个人责任观的关键部分。正如我们都会选择一个我们不想使之失望的合作伙伴一样，来自同伴的积极压力会有助于把“无名基金”的学员锁定在他们想过的生活方式中。

执行这些价值观的结果是什么？“他们的认知正在重组，”纳兹解释说，“不管他们是否意识到，每个人都知道，如果你30天做同一件事情，每天都做，就会成为一种习惯。所以我们只是扭转了习惯的过程。”“无名基金”让人们迷上了道德价值观。

当人们抗议说“无名基金”对无家可归的人期望太多的时候，乔治已经准备好了回答，他认为无家可归的人希望符合高的道德标准，他们想过这种堂堂正正、以价值观为基础的生活。“我们帮助过的每一个人普遍的想法是想成为孩子真正的父亲。我无数次地听到，他们的父亲曾经不在他们身边，所以他们想确保自己在儿子或女儿身边。”

多亏了“无名基金”，这些蓝领们成为把良好价值观传递给他们孩子的媒介。这样，他们的孩子流落街头、接触毒品或者进监狱的可能性就小了很多。在最近与毕业生的一次会面中，乔治问：“当你们第一次来到‘无名基金’的时候，你们中有多少人能想到你们会成为社区和家庭的榜样呢？”没有人举手。接着乔治又问：“你们现在有多少人是家庭和社区的榜样？”他们所有人都举手了，这就是他们看待自己的方式。

“无名基金”懂得不管你腰缠万贯还是流落街头，这个世界上所有的物质救济都不会建立可持续的生活，除非它与正确的道德价值观及其达到的期望结合在一起。这是真正的不歧视，这是成功的秘诀。

经验 4　帮助重要，但是希望必不可少

20 世纪 60 年代，一个叫马丁·塞利格曼的年轻心理学家在动物身上做实验时，注意到一件奇怪的事情。实验开始时他所参与的研究团队用动物无法逃脱的不愉快的电击来攻击狗。24 小时后，他们把狗放在笼子里，再次进行电击——但是这一次，笼子里设置了一个出口。狗只需要跳过一个矮栅栏到笼子的另一边，痛苦就会停止。但是它们没有那么做。

在塞利格曼继续做这个实验并使之闻名于世的一段时间内，狗已

经变得“习得性无助”了。逃脱首日电击的徒劳已经摧毁了它们的逃生本能，抑制了它们的精神，并使它们对通常瞬间就会发现的逃脱路线视而不见。

科学家们尝试着去掉栅栏，这样，狗只需要穿过笼子就能逃出去，但是它们仍然没有这么做。他们甚至试图给予那些狗积极的引导：开一个小窗户，并招呼它们：“这里，孩子们！”但是即使这样，仍然有一半数量的狗留在笼子里继续接受电击。只有当科学家们强行带领这些倒霉的爱犬穿过笼子时，它们才发现这些逃生路线。[14]

正如塞利格曼在之后的试验中发现的那样，人类也能习得这种无助。[15]事实上，人类在习得性无助上更加脆弱，因为人类能够“替代学习”，也就是他们可以通过观察别人面对无法控制的事情时的无奈来学习变得无助。

乔治·麦克唐纳说大多数“无名基金”的客户来之前都曾面临“无法想象的困难、令人难以置信的暴力，以及从他们小时候就开始的惨淡、伤心的环境”。从小时候开始，自身的经历以及围绕着他们，使他们相信自己不能帮助自己的无望深深地影响着他们。对这些人而言命中注定要生活在贫困和绝望中，“美国梦”只是妄想。

这就解释了为什么过去 50 年我们帮助穷人的方法总是那么有破坏性：它没有教导人们与贫穷做斗争，而是增强了习得性无助。看起来似乎很合理的数十个援助项目实际传递了一个重要，但没有人愿意传播的信息。“你不能做，所以我们要帮你。”这是经历习得性无助痛苦的人听到的最后信息。

“无名基金”不断地面对这种情况，纳兹询问这些人真正想从生活中得到什么。“食品券？”他问，“这就是你们所梦想的？这就是你们想要的？你可以去任何一个你想去的地方。你想安定下来吗？”“无名基金”教导穷人不要安定下来、它通过用希望代替习得性无助的方式来帮助这些无家可归的人，教导他们自己帮助自己。

但是在脱贫的方法总是增强习得性无助的情况下“希望”究竟意味着什么？实际上华盛顿的每一个人都谈论“希望”，但是很少有人能真正理解自己口中的“希望”。普通美国人都知道希望非常重要，但同时也很脆弱，不足以作为一个政治目标。当你真正深入到数据中，你会发现，这些说法是有道理的。

经过几十年的研究，心理学家已经了解到“希望”有两种截然不同的类型：第一种类型的“希望”是一种与现实没有关联的抽象的感情状态。我们希望世界和平，我们希望海鹰在超级碗中成功，我们希望政府能为我们做些有利的事。但是，当我们以这种方式来谈论“希望”时，我们实际在暗示，在这件事上我们并没有个人发言权，我们从不“希望”它成为我们掌控范围内的目标。这种暗示的结果是如果我们允许这种被动进入我们的谈话，它将在我们的心灵深处驻足。心理学家做过一些实验，实验中他们指导人们思考这种含糊其词、情绪化的希望，结果发现他们的研究对象减少了个人控制的感觉。

第二种类型的“希望”完全不同，可以称之为“实际希望”。心理学家认为实际希望不是稍纵即逝的情感，而是两种观念的结合。一种观念是相信我和我的目标之间存在一条路——它可以实现；另一种观念是相信，就我个人而言，我有走这条路的力量——我可以做到。“目标可以实现”再加上“我可以做到”，这种希望以一种更积极的方式影响到我们的思想。研究表明，实际希望更有可能创造幸福和成功。实际希望被证明是学生学习表现及成人生活满意度的准确预测。它甚至可以预测运动员的天赋所不能解释的运动成绩的不同。

这项研究对我们实现美国式幸福的目标非常重要。当政治学家认为政府需要给予人们“希望”，这意味着两者选其一，而这两者几乎是完全相反的。一方面，这可能意味着人们的命运将远离他们自己的控制，说服他们将生活的决定权交给别人。这是过去几年盛行的错误希望：一种认为“我当然希望政府帮助我”的希望。

另一方面，希望可以赋予人们力量。它告诉人们充满有意义工作的幸福生活就在他们面前，他们可以去创造幸福。这是美国梦，这是建设美国所需要的、无论如何都要保持的乐观主义，这是一代又一代来美国寻找更好生活的移民的希望，这是让保守的心跳动不已的希望。

“无名基金”了解这一点，它为学员注入实际希望。它告诉每一个人，独立生活是可以实现的，他可以做到。这就是为什么，在“无名基金”成立后25年时间里，已经拥有22 000名校友的原因，这就是为什么它会吸引如此多有困难的人的原因。这个项目用实际希望代替了习得性无助。

当然，美国的希望短缺并不限于无家可归的人。美国长期失业者的数量如今处于创纪录的水平，失业者对食品券的依赖在增加，投入社会保障、残疾保险的资金以及其他政府资助也在增长。

美国正滑入习得性无助的泥潭，我们迫切需要一个针对整个国家的希望议程，我们需要提醒每一个美国人，目标可以实现，他们能做到这一点——我们需要建立可以支撑这个承诺的经济基础。

美国梦

综上所述：“无名基金”生活实验室对美国梦进行了总结，我们所能做到的就是记住以下 4 个原则：

1. 人民是资产，而不是债务。
2. 工作是一种幸福，而不是惩罚。
3. 在鼓舞人心方面价值观最重要。
4. 帮助很重要，但是希望必不可少。

要将这些原则付诸实践，保守派需要进入其中，我们拥有鼓舞人心、帮助他们过有尊严生活的秘诀。我们不能秘而不宣，而应该与世界分享这个秘诀。我们可以从拥护像麦克唐纳夫妇这样的社会企业家的工作开始。

乔治和哈里特坚信他们心中的理念，认为支撑“无名基金”的原则不仅限于帮助这些人，而且要把这些人当作美国梦的中心。“我认为我们就是美国梦，”乔治说，“我把它放在他们的袖子里，我们设计工作服的时候，特地放了一面旗子在袖子里，我说我想让他们不仅仅成为自己，而且还要成为美国的一分子，他们的梦想应该更远大。”

理查德·诺拉特相信他在“无名基金”学到的美国梦。“我的美国梦就是成为社会的一分子，成为社区的一分子，挣取工资，能挣钱买想要的东西，能舒服地生活，不害怕有人从我这里带走它，知道早晨我醒来，有一个地方可以挣钱，有一份工作。”

美国从乔治和哈里特这里，从这些蓝领身上获益匪浅，保守运动也是如此。你知道什么，世界的其他国家也知道什么。下一章中，我们会拜访印度贫民窟、奥地利的鬼城以及它们之间有趣的站点。这个过程中，我们将看到积极向上的人们、让人失望的机构，见证美国的前车之鉴，它将体现出拥有一颗保守的心是多么重要。

第四章

来自印度贫民窟和奥地利鬼城的训诫：一则警世故事带来的社会灵感

“女士们、先生们，我们遇到了机械故障，将要紧急着陆。”这些话是任何一个人都不愿意从飞行员嘴里听到的，尤其是我乘坐的这架印度航空公司航班的乘客，这架航班从斯里兰卡科伦坡飞往印度加尔各答。当时我19岁，1983年11月刚从大学辍学，正与我的铜管五重奏乐队一起进行环球巡回演出。

事实证明，这是在印度南部城市金奈的一次相当平常的着陆，距我们期望的目的地加尔各答还有千里之遥，全国的电话线路出现了故障，又是半夜，我们一个人也不认识，没有地方可以睡觉。几个小时之后，我们睡在一家旅馆里——这是贫民窟旁边一个地狱般的地方，我们在这里度过了毫无意义的两天。我的同伴比我大，也比我敏锐，他们喜欢待在旅馆里，而我却喜欢出门走一走。我的所见所闻让我大为震惊，我看到了以前从未见过的贫困：麻风病人、营养不良的儿童、络绎不绝的乞讨人士，他们堕落而绝望。

整个经历让我想起小时候看到的《国家地理》杂志里的那张照片，它影响了我整整 31 年。我永远都不会忘记苍凉和痛苦给人们带来的恐惧。

31 年后我重返印度——这次不是作为音乐家，而是作为 AEI 总裁来考察美国人能从印度令人惊叹的经济转型中学到什么。我曾见过一些数据，说明从 1983 年开始至今，印度穷人的生活水平提高了很多，但是我想亲眼见识一下。如果你正在研究贫困，看到真正的穷人并和他们交谈非常重要，这样的经历所教给你的比电子表格里任何一个数据都要多。

这就是为什么我会去拜访纽约的“无名基金”——去见那些蓝领工人们，了解他们如何克服无家可归的问题。这也是为什么我会去这个名叫达拉维的印度贫民窟——去看看生活在那里的人，去了解他们是如何从极端的贫困中提升自己，去见证由全球化、贸易和创业带来的真正的进步。

我♥达拉维

达拉维的人口超过 70 万，他们生活、工作在一个约有 2/3 个中央公园大小的区域，人口密度达到了每英亩约 1 300 人。[1] 客观来看，美国一个独户住宅新房建在 1/3 英亩多一点的地方。[2] 如果你能想象得出在你生活的地方住了 400 个人，那么你就了解这种情形了。

我从来没有住在一个这么挤的地方，达拉维的每英寸土地都被使用着，摇摇晃晃的房屋都是即兴而盖，一家挨着一家，很多年了，没有修建许可证。这些建筑靠得非常近，像热带雨林一样挡住了阳光，甚至在白天，人行道也像在夜晚一样黑暗。你必须小心你的脑袋，还有你的脚：任何时候脚下都可能出现讨厌的东西：泥啊、老鼠啊、没有井盖的下水道啊……

在达拉维，我遇到了一个四口之家，他们住在一间和我女儿玛丽娜的卧室一般大小的房间里，里面没有室内管道或家具——只是一个独立的 12 平方英尺的房间。白天全家人坐在地板上吃饭；晚上，他们就睡在角落里的四个被卷里。唯一的电源插座是用来给印着印度教诸神和圣贤大型画像的圣诞灯饰供电的。一面墙完全开放，沿梯子向下延伸到街道上，这就是前门。

这家有两个孩子，一个两岁的男孩和一个四岁的女孩。他们吃得很好，很快乐，爱用一种困惑、质疑的眼神注视着我，这种眼神我记得在我的孩子小时候也从他们眼中见到过。他们思考着一个问题：这个看起来怪怪的家伙到底是谁。他们的父母 25 岁左右，为了找工作，从一个山村来到了达拉维，他们高兴地接待了我。离开之前，我向向导坦承我不能想象一个四口之家住在这么小的空间里，他笑着告诉我，他们来之前曾住了 12 个房客。

达拉维的气温高得不可思议，孟买著名的热度和湿度都仅仅是个开始，各处的明火不断补充进来，有做饭的火、制陶的火，还有熔化铝和塑料的火，感觉好像你周围所有的事物都在燃烧。之前的上午，我已经看了天气预报，在这里的感觉让我以为我误解了天气预报里所说的。从字面上看，预报说气温预计达到“95 华氏度并有烟雾”。在达拉维，烟雾就是一种天气。

热只是感官超负荷的一部分，达拉维是一个散发着令人难以置信的气味的世界，它开始于浓浓的呛人的烟，接着到处都是狗、猫、山羊的气味，粗略估算达拉维的居民中只有1%的家里有厕所，其他人要么用社区公共厕所、付费厕所（每用一次花费3美分），要么用贫民窟边上的露天坑。这里很吵，锤打声、钻击声、研磨声、大声喊叫声组成不间断的配乐。

正如每个去国外旅游的人知道的，其他社会会排斥我们带来的任何观念。对于大多数美国人来说，“市区贫民窟”这个词组可能让人联想到堕落、年久失修以及缺乏产业和工作的画面。但是在达拉维我没有看到其中任何一种景象。不可否认这里存在很多贫困现象——程度远远超出我们在美国城市里所习惯了的，但是剥夺感却很少存在。每个人都忙忙碌碌的，孩子们去上学（公立学校是免费的，私立学校很便宜），大人去上班，整个区域都生气勃勃。

达拉维有许多许多的垃圾，这听起来很糟糕，但实际上这可能远远不是最坏的标志。世界最贫困的地方是很少有垃圾的，达拉维满是垃圾，其大部分的经济甚至建立在这些垃圾之上。从达拉维来的拾荒者钻进孟买的市政垃圾场，收集塑料、纸板、玻璃、铁丝衣架、易拉罐、汽车电池、计算机零件等可以发现的任何东西，把它们全部带回贫民窟进行分类回收。没有东西会被浪费。

我参观了一个临时搭建的工厂，人们在这里分拣塑料垃圾。在一个角落，一名工人正在整理装有废旧牙刷的大桶；另一个角落里，有人正在筛选一堆又一堆的塑料叉子，他们告诉我这些叉子是飞机上用的。除了他之外，有人分拣塑料牛奶壶，还有一个人在整理塑料机油筒。

每一种塑料都被分类整理，然后，我了解到，隔壁房间里的一台机器将分类垃圾碾成小块，成队的工人会清洗这些小块，并把它们放在屋顶的烈日下晒干。然后这些洗干净的小块会被收到楼下，在大桶中熔化，拉成长条，这些长条会被切成小球并做出新的塑料制品，进行销售。我抓了一把这样的小球，刚从机器里出来还热热的。

达拉维的再生塑料在世界各地销售，可能在你的家里就有达拉维的塑料，但是你并不知道。可能你产生的一些垃圾也会被回收到那里重新循环利用。

这只是一个工厂。我还参观了一家铝回收厂、陶瓷厂和一个宰杀山羊、处理皮毛的地方（没有任何词汇可以描述那种特殊的味道）。达拉维有成百上千个皮革制造商，再加上服装厂、绣花商店、黄铜铸造厂、炼金厂、面包房（我曾在其中取样）、风筝厂、肥皂和洗涤剂厂（从印度的豪华酒店回收废弃的旧肥皂）。这里至少有 15 000 家工厂，[3]80% 的达拉维居民都在这个贫民窟里工作。[4]

一些西方人看到达拉维，可能会对所有陷入“死胡同工作”这样苦差事里的无望的人们感到遗憾，当然我们都希望居民的生活会变得更容易一些。就个人而言，我一直在寻找像 31 年前在金奈所遇到的那样的痛苦，但是我没有。印度仍然有上百万名真正贫困的人，但是印度已经不再是处于初创时期最低点的 1983 年时的国家了。20 世纪 90 年代我重新返回大学的时候，变革之风吹遍了整个印度次大陆。在过去的 20 年间，印度的贫困缓解了一半以上，[5] 因为自由企业让大约 2 亿人摆脱了贫困。[6] 1965~1975 年，印度每年的人均收入仅增长了 0.3%，但 2005~2013 年，这个数据增长了一倍还要多，从 740 美元长到了 1 570 美元。[7] 如果印度经济按照这个速度继续增长，在未来的几十年后就不再是个贫困国家了。

所以，达拉维人没有丝毫的无望，他们强调说他们不认为自己的工作没有成就感。虽然过分拥挤，卫生条件糟糕，但是达拉维仍是一个有吸引力的社区。全印度的人绝望地逃离贫困的村庄，涌进贫民窟，把握工作机会。在这里他们通过分拣、缝制，或熔炼赚钱，并把大部分钱寄回家里。我所交谈的每一个人都告诉我达拉维正在发展的路上。这是一个不屈不挠的、乐观向上的地方。

我在达拉维的向导是一个叫克里希纳的年轻人，大约 30 岁，头发修剪成目前印度时髦的那种发型，身穿一件印有“我♥达拉维”字样的 T 恤衫。他确实很爱达拉维。克里希纳出生于班加罗尔郊区的一个村庄里一个贫困的家庭。13 岁来到达拉维创造自己的未来，一开始端茶倒水，之后去学校上学，最终创建了一家旅游公司。现在他每月的工资约 500 美元，这在达拉维是一笔巨资。[8]

像克里希纳这样的企业家已经建立了《纽约时报》所说的“穷人自创的经济特区”，[9] 达拉维一年拥有 6 亿 ~10 亿美元的经济产出，根据哈佛商学院的研究，这使得企业制度中非官方力量的生产力比印度政府所建立的许多官方经济特区的生产力还要大。[10]

没错，如今达拉维的生活条件按照美国的标准确实很糟，甚至在美国最贫穷的社区，你都会发现比达拉维更好的卫生设施和住所。那里有为孩子们设立的公立学校和私立学校，但是也有童工，没有人想把这个当成一个长期的解决方案。每个人都知道居民们应该得到比现有的要好得多的条件。

但是今天的达拉维，与我几十年前看到的相比，仍然是一个奇迹，它从一个看起来无望的地方发展为充满活力、日益繁荣的地方，并推动了一个发展中国家经济的迅速转型。

达拉维正在蓬勃发展，当我离开的时候，我不得不承认，嗯，我也♥达拉维。

只有一个村庄

不像达拉维，我从来没想过要参观马林塔尔这个奥地利小村庄，然而我有一个很好的借口：马林塔尔已经不存在了——至少不再以它旧有的形式存在了，如果我们继续允许工作消失、依赖性增强这类情况存在的话，马林塔尔发生的事情将会发生在未来的美国身上。

1929 年，马林塔尔是位于奥地利首都维也纳东南 20 英里处的一个蒸蒸日上的工业城镇，在 19 世纪早期围绕着一个胡麻磨坊形成，后来逐渐发展成为欣欣向荣的纺织工厂，到 20 世纪早期，村庄已经有 478 家住户了。

这里的工作很辛苦，但是薪水丰厚，社区生活富裕。居民们与邻居友好相处，享受着镇上修剪齐整的公园、许多不同的社会俱乐部，周末则用于教堂礼拜、家庭外出或者晚间舞会。

但是所有这些在 1932 年突然发生了变化：城镇上唯一的企业破产了，一夜之间，工厂关闭了，几乎所有马林塔尔的居民都丧失了收入来源。两年之后，村子里每五户人家中只有一户人家仍有一名家庭成员可以从日常工作中赚钱，村庄成为无所事事和经济萧条的缩影。

接下来将要揭示一段进展缓慢的悲剧，它很容易在历史中消失，但幸运的是一组年轻的社会学家正在开展一项旨在了解失业的主要层次是如何重塑社会的研究。当他们看到这里，明白他们将会拥有一个理想的实证研究地，于是这些研究者来到马林塔尔，观察、倾听、研究住在那里的居民。[11]

他们发现了什么？你可能会认为如此大规模的失业会导致极度的

财政困难，如果是在 1929 年，你甚至可能觉得会看到像印度一样的条件，但是这并没有发生。两次世界大战之间的那些年，奥地利有着丰厚的失业保险，工人工资大部分都来源于此，但是像许多工资替代的社会民主系统一样，保险被严格禁止付给有工资的人，从理论上说就是防止两面沾光，研究者发现，正是在由此导致的无所事事中，噩梦开始了。

首先，马林塔尔居民在花费时间的方式上发生了奇怪的变化。虽然工厂关闭了，但是仍有一些收入进账，人们把一天的时间都花费在了他们喜欢的休闲和社会活动中，但是这种活动实质上也消失了，一个居民这样总结这种矛盾，“过去我留给自己的时间更少，但是为自己做事情的时间更多”，现在正好相反。

我们大多数人都听过这样一个旧准则，如果你想做成什么事，必须去找一个忙碌的人。那么当工作消失了，马林塔尔人看起来就不会费时间和精力去做什么事情了 —— 甚至是享受他们的新娱乐。

“（人们）可能会认为即使在失业的痛苦中，他们也能在无限的自由时间里获益，”研究者写道，“在测试中，这种娱乐证明是一个悲哀的礼物。脱离他们的工作，”工人们“失去了利用时间来寻找物质和道德刺激的心情”，他们开始“逐渐游离有序的存在状态而进入了一种无纪律、空虚的状态……最终花几个小时，站在大街上，独自一人或者一小群，靠在墙上或者桥墩上”。

“没有什么紧急的事情了，”报告中写道，“他们忘记了如何着急。”

“过去是那么美好，”一个女人告诉研究者，“夏天我们常常出去散步，所有的人都去跳舞，现在我再也没有出去的感觉了。”另一个男人总结说：“那时候马林塔尔有生活，现在整个地方都是死气沉沉的。”

虽然现在居民们有大量的时间阅读，但是城镇居民的阅读习惯却在工厂倒闭后的两年间彻底消失了，以前，每个居民平均从镇图书馆中借阅3.23本书，后来只有1.6本。“自从我失去工作，”一个男人承认，“我基本上不读书了，已经没有读书的感觉了。”

从表面上看，公共空间四分五裂，“工厂的对面是一个大公园，”研究者提到，“马林塔尔人曾经以此为傲，”里面有漂亮的长椅和修剪齐整的花园，“现在公园成了荒地，小路上荒草疯长，草坪也毁了。虽然马林塔尔几乎每个人都有足够的空闲时间，但是没有人打理公园了。”

甚至马林塔尔人的时间观念似乎都不合情理了，男人们不再戴表，妻子们抱怨她们的丈夫即使不是专门从某个地方回来，也会错过吃饭的时间，人们花费越来越多的时间在街上溜达，但有意思的是，研究者发现这种现象在男人和女人身上的表现不同：男人走得更慢，停得更多。研究者总结说这是因为女人并没有真正地失业，“她们还有家务事要忙，这些事把她们的一天占得满满的”。

人们晚上睡觉的时间也比以往多出几个小时，他们不再想如何消磨白天的时间，会花费更多的时间坐在家里或在街上闲逛，不去做其他事。

更糟糕的是，人在逆境和无所事事面前很快就开始彼此攻击。政府加强声明，认为所有人都不可以在享受保险金的同时赚取收入。马林塔尔人诠释了这一切：一个穷人因为在街上吹口琴收取了一点钱而被邻居告到政府，从而失去了失业保险金；另一个人为了分柴火而帮助别人伐木之后也失去了失业保险金；一个女人运送牛奶，并收取了一些留给自己孩子的费用之后也失去了失业保险金。团结互助的任何意义都已经破灭。

不足为奇，对许多人来说，家庭生活也是如此，“我经常与我的丈夫吵架，”一个女人发泄道，“因为他不再关心任何一件事，家已不是家了。”另一个丈夫这样描述他的妻子：“我们彼此之间就是陌生人，看起来我们的生活越来越艰难了，世事艰难难道是我的错？难道我就应该默默地承受所有的责备？”还有另一个女人陷入更深的绝望之中：“如果我可以把我的孩子交给那些福利人员，我一点儿也不会在乎，我会很高兴这么做的。”

让马林塔尔的生活大伤元气的不是工资的丧失，对于大多数人来说，公共资助让下岗者对金融打击变得迟钝，毁掉马林塔尔的是有意义的工作的丧失。所有其他的弊端都由此而来，一个男人向研究者倾诉说：“如果我能返回工厂上班，那一定是我生命中最快乐的日子，这不仅仅是为了钱，困在家中的四面墙之间，一个人是不可能算活着的。”

圣·爱任纽曾经说过，“上帝的荣耀就是充满活力的人类”。让男人和女人充满活力，赋予他们尊严、快乐和自我价值感的是工作。而马林塔尔人却失去了它。

公平地说，1929 年已经是很久以前的事了。在消除工作方面欧洲是否从它的早期经历中获得一些经验了呢？让我们回到现在，看看现在的欧洲发生了什么，以及它为美国人提供了什么参考。

NINI 一代

已经过了半夜，但是何塞·路易斯·弗洛雷斯还没有准备睡觉，这个住在西班牙加的斯的23岁的年轻人有很多事情要做，[12]晚上先看两个小时的电视真人秀，之后就转到他的兴趣——玩电子游戏——上，他会玩到凌晨4点半。

23岁的何塞怎么会过这种生活？他不需要在早晨挣扎着起床上班或上学吗？是的，他不需要。他既没有工作也不去上学，而且仍和父母住在一起。

何塞的这种生活现象不是一种反常现象，他的例子非常典型，而且每天都会越来越多，在西班牙，15~29岁的年轻人中有1/4既不工作也不上学，这个数量要比发达国家的平均水平高得多，[13]许多15~29岁的西班牙年轻人与父母住在一起，很少有人计划出去单过，这种情况如此普遍，以至于西班牙人发明了一个新绰号，他们称呼这一代人为ninis，la generación nini的简称：nini一代，因为他们是一群既不工作也不上学的人——既不工作也不学习（ni trabaja，ni estudia）。

ninis在西班牙到处都有，我本人就知道几个，我的妻子成长于巴塞罗那的一个工人阶层社区，她的童年女伴们现在50岁左右，都在努力维持稳定的工作以支撑两代人的生活，她们成年的孩子们就是ninis，而且这些母亲中没有几个结过婚，在拒绝传统信仰和传统家庭生活的文化中长大，她们这些成年孩子的父亲都无处可寻。

但是等一等：西班牙不是一个幸福、传统，以家庭为导向的天主教国家吗？它过去是，但是从1981年开始参加教堂活动的人减少了一半。2007年，25%的西班牙成年人赞同："婚姻是一种过时的制度。"[14]根据一项调查，将近90%的西班牙女子赞同，"对于两个人来说不想结婚但住在一起是正确的"。[15]与此同时，感觉"非常幸福"的西班牙人的比例在1981~2005年下降了30%。

总之，西班牙成年人中的总体失业率是欧洲最高的——写这本书时是24%。这一灾难性的数字已经在2013年1月经济衰退低谷之后难以估算了。[16]甚至这种高位数据与失业率，特别是年轻人中的失业率相比相形见绌——这个失业率已达到54%。这一水平足以让人们期望一个平庸的政府垮台。

可以肯定的是区域经济困境在这一切中发挥着巨大的作用，但西班牙萎靡不振的程度比欧元区房地产泡沫及其并发症还要严重。最近西班牙一家主要日报的编辑告诉我，华盛顿特区的西班牙大使馆宣布了一个听起来似乎很令人兴奋的新计划，政府为年轻的西班牙人提供了600个到美国教西班牙语的有偿工作，这一举措似乎是一个重燃民族自豪感和为有迫切需要的年轻人创造良好机遇的方法。可是西班牙的年轻人却并不这么认为，整个国家只有300个人应征。

这不是马林塔尔，不是一个经济来源被扼杀，如果你被抓到正在工作，政府就会剥夺你权利的地方。在这里，创业的政策制定者积极引导雄心勃勃的年轻人漂洋过海，寻求一个教育工作者所能得到的独特体验和有意义的工作。但在西班牙发生的一些事情,使这种行程（纳税人资助的）似乎不如在马德里与妈妈生活在一起有吸引力。

欧洲奶奶

“我已经沉浸其中了，我不想起床！”

由一名年龄较大的女人喊出的这句话，在20世纪90年代因为一个医疗报警设备广告而众所周知，2015年它们却处于变为欧洲口号的危险之中。

欧洲的经济问题广为人知，经济衰退一波接一波席卷这里，但是如果问题只是宏观经济僵化，那就容易解决了。一组专家就可以评估财政状况，并提出一揽子常规修补方案，方案可能会从货币和财政政策开始，再加上一定程度的劳动力市场自由化。获取政策杠杆和经济激励权利足以使欧洲摆脱衰退的旋涡。

不幸的是这解决不了问题，跟健全的经济政策一样重要的技术专家也无法治愈欧洲的顽症。这一点除了弗朗西斯教皇，没有人在欧洲议会面前如此完美地提出来。正如这位圣父在 2014 年 11 月对面前那群面无表情的欧洲领导人所说的那样，“在许多地方我们都会产生一种年老体衰的感觉，这是欧洲给人的普遍感觉，欧洲现在让人感觉是一位年迈的老奶奶，不再富饶而充满活力，其结果就是一些曾经鼓舞欧洲的伟大思想似乎已经丧失了吸引力，只能被机构里的技术性官僚所代替”。[17]

但是等一等，事情变得更糟了！人们是这样告诉我们的，“欧洲奶奶”不仅仅是累了，还伤痕累累。正如弗朗西斯在先前一次天主教会议上的讲话所解释的那样，她“疲累而且迷失了方向”，[18] 换句话说，这片大陆除了人口健康之外，正在失去它的理智。

理解圣父的意思很重要，弗朗西斯教皇不会恶意中伤，他将是第一个提醒我们，年迈的老人有着伟大而且与生俱来的尊严，我们的祖父母赋予我们多年生活积累下来的智慧和经验，并因此丰富我们的生活。

但是准确地说，这已经不再是“欧洲奶奶”履行的神圣职责，不是因为年纪而是因为“迷失了方向”，她失去了唤醒诸如忠诚、家庭、社会责任，特别是工作这些光荣传统的能力，于是不能与年青一代分享这些传统。正是责任的丧失使弗朗西斯宣称“欧洲已经抛弃了她的孩子”。

可以肯定的是，教皇不是人口统计学家，客观的观察者不会反对他所说的那些让人难过的评价。以忠诚为例，在欧洲，描述宗教地位最具外交性的方式是把这片大陆描述为“后基督教”①。欧洲人可能会有一些关于基督教的文化记忆，但是亲身实践的人越来越少，而且很多人公开表示对他们的宗教遗产怀有敌意。

2004 年的盖洛普民意调查[19]发现只有 3% 的丹麦人每周至少参加一次教堂活动，只有 5% 的瑞典人和芬兰人这样做；在法国和德国，每周参加宗教服务的人不到 10%；在比利时、荷兰、卢森堡，还有英国，这个数据处于 10%~15% 之间。西班牙是一个很多人仍（不确切）视其为欧洲天主教基石的古老堡垒，政府声称每周教堂活动的参与率为 21%，在像巴塞罗那这样的主要城市参与率则低得多（有人估计还不到 5%）。

对这种世俗化冲击最不为所动的是信仰罗马天主教的爱尔兰。1984 年，90% 的爱尔兰天主教徒仍每周集会做弥撒，但是不可避免地，爱尔兰也沦陷了，而且陷得很深，到 2011 年，这一数据骤降至 18%。[20]

与教堂活动参与度下降一样，生育率也下降了，欧洲人口确实变得越来越少了，20 多年里，欧洲的低生育率使当地人口骤减。如今法国新生婴儿比拿破仑统治时期还要少；按当前的生育水平，到 2050 年德国将失去相当于当年整个民主德国的人口数量；同一个时期，西班牙的人口将减少 1/4。想象一下，一个大多数人没有姐妹、兄弟、表姐妹、姑姑、叔叔的世界会是什么样子。据人口统计学家、我在 AEI 的同事

① 在广义上讲，后基督教是指基督教在一个地区或社会中的重要性下降后的一段时期。——译者注

尼古拉斯·埃伯施塔特（Nicholas Eberstadt）所说，这正是未来几十年后欧洲会出现的情况。出生率降到如此之低，以至于许多孩子仅有的亲戚就是他们的祖先。圣诞购物会更实惠，但这一点对前所未有的人口减少来说只是个小小的安慰。

也有一些例外，法国在 2012 年就上升到每个妇女两个孩子，而在 1980 年这个数据是 1.95 个，[21] 然而这个例外甚至恰恰证明了教皇的观点：法国上升的生育率很大程度上源于政府对父母的补助政策[22]，而不是源于家庭生活文化的转变。有一种概念：只有当政府采用补助的方式鼓励它的居民生育，才能减缓人口的下降，难道还有什么事比这更反乌托邦的吗？

可能有，丹麦已经采取了播出公共服务公告的方式督促年轻人去度假和生育。国家沦落到乞求自己的国民“为丹麦而做这些事吧”[23]，年轻夫妇需要政府鼓励他们生育这样的事情已经严重偏离了社会的正常轨道。

如果你最近在欧洲待过一段时间，你就会明白我说感觉它老了是什么意思了，我指的不是城堡，而是人。据美国人口普查局国际数据库统计[24]，2010 年 6 个西欧人中就有 1 个甚或多于 1 个年龄在 65 岁或以上。按照早期的退休年龄，这是很难接受的，但是到了 2030 年，这一比例将上升到 4 人中就有 1 个了，对于经济学家来说，这足以和科幻小说上的领土相媲美了。目前无孩状态对欧洲经济的影响是一场正在酝酿中的灾难。欧洲摇摇欲坠的养老金制度以“到场现付”的模式运作，也就是说当前的养老金是从当前工人的工资里扣除。当你的国民无法为自己支付的时候，这就产生了相当多的问题。缺乏真正的改革，随着人口老龄化，这些系统很容易瘫痪，也将没有足够的新工人来支付目前缴纳养老保险的人员退休后的养老金。

信仰和家庭文化在欧洲已经枯萎，它的社会意义也随之枯萎。目前欧洲的私人慈善机构很少，以至于我也很难追踪数据，这一主题在美国的学术界得到了充分的研究，但是横跨大西洋后，它似乎成了不相干的话题，很少有研究者费心对其进行持续调查。关于欧洲私人资金捐款的最好数据可以追溯到20世纪90年代晚期，我的第二故乡西班牙的平均贡献率比美国的一半还少，就每个人而言，美国人的贡献率是法国人的3.5倍，是德国人的7倍，是意大利人的14倍。[25]我有信心认为这个慈善差距只是在几年间增长起来的。

现在的情况怎么样呢？1998年的数据比较了美国和西欧的志愿服务，这些数据给我们讲了一个相似的故事。美国人中为宗教、政治和慈善目的而参加志愿服务的人数比荷兰人多15个百分点，比瑞士人多21个百分点，比德国人多32个百分点（5人中只有不到1人是因其他任何原因做志愿服务的）。

社会意义的另一个重要形式——爱国主义——在欧洲同样渐渐衰退。住在西班牙的时候，我发现了一件让我震惊的事情，没有人知道国歌中的歌词，听到国歌时没有人会站起来，西班牙政府不得不出台并开始执行公共建筑悬挂国旗的国家法律。在一个叫加利法的小镇上，官员们（要求从西班牙国家独立的加泰罗尼亚民族主义者）执行这项法律，就是悬挂一面看起来小到应该挂在馅饼盘子里伸出的一根牙签上的旗帜。一名当地的领导者这样向记者自嘲道：“他们要求挂一面旗帜，好吧，挂在那儿了，我希望他们开心。”[26]这在美国是无法想象的——至少现在是这样的。

综合所有这些，你可以想象出来，在欧洲，西班牙是爱国主义的离经叛道者，它确实是。但是不幸的是，它是一个高端离经叛道者：西班牙实际上比欧洲的大部分国家更富有爱国主义精神，2006年芝加哥大学的研究者对 33 个国家的爱国主义水平进行了研究，根据《芝加哥大学纪事》记载，这项研究发现："列表底部的国家通常是欧洲的世界知名国家。"[27] 世界上最不爱国的 10 个国家中有 8 个在欧洲：德国、拉脱维亚、瑞典、斯洛伐克、波兰、法国、瑞士和捷克共和国。西班牙排在第 17 位。英国紧随其后排在第 19 位。[28]

活着为了工作，工作为了生活

信仰、家庭和社区正在渐渐消融，但是当今欧洲最具破坏性的问题——可以说是其他问题的根源——是工作的消失。欧洲人口中劳动力的比例在逐渐减少。

必须再一次表明，这不是孤立的问题。伴随着经济衰退，工作几乎在每一个发达国家都遭受到冲击，在美国，劳动力参与率——参与工作或寻找工作的人口比例——最近达到了 36 年来的最低点，只有 62.7%。这是一组灾难性的数据，是 20 世纪 70 年代以来的最低点，是对我们这个大政府做法的一种控诉。[29]

即使是这么糟糕，与欧洲相比，美国看起来也很潇洒。俗话说，欧洲人"工作为了生活"而这些穷美国人"活着是为了工作"。你知道如果前者是真正在工作，这么说可能还让人信服。但根据美国劳工部劳工统计局的数据，2012 年法国的劳动力参与率是 55.9%，意大利是 49%。[30]

长期失业始终是一个悲剧，然而，当它使青少年的成年生活没有一个合适的开端时，它的悲剧色彩更加浓厚了。在美国，25 岁以下人员的失业率约为 12%，这是从 2010 年居历史最高的 19.6% 降下来的，但是仍旧很高。[31]2014 年 5 月，整个欧洲 25 岁以下人口的失业率为 22.2%——几乎 4 个人中就有 1 个人处于失业状态。[32] 在波兰这个数据为 34.8%，意大利为 43%，正如我们所了解的，西班牙是 54%。

记住，这不是一个简单的工作短缺问题，可以肯定的是，宏观经济在作怪，但是它们并不是故事的全部，正如我们所看到的，西班牙政府提供了 600 个教学岗位，只收到了 300 份申请，这种水平的冷漠是需要一个整体化的世界观来促成的。

有问题的世界观可以归结为一个词——退休。让年轻的西班牙人到异乡做挣钱的冒险工作就像是让你的祖母做这样的事情一样。她只是年迈、太累而不愿意去做这样的事，在西班牙通过努力工作到达新的高度的想法似乎已经消失了，那是新兴国家的游戏。在发达国家发展的后期，把先前生产力发达时期留下的玉米种子——文化的、经济的——吃完以尽可能生活得舒服，这样更好。

这就是西班牙正在衰败的原因。

大多数读者一定已经发现了我们还没有涉及的主题——移民。难道一拨又一拨到达欧洲海岸的外国人不足以支撑起我们对这片大陆的希望吗？ 2012 年，欧盟各国中国内出生人口的年龄中值为 41.9 岁，而生活在欧盟的外国人的年龄中值为 34.7 岁。据推测，这些新移民将有助于堵住财政和人员缺口。那么欧洲人会为此而兴奋吗？

不完全是。整个大陆反移民情绪正在涌动。[33] 乡土运动在 2014 年的欧洲联盟选举中的表现好得惊人，根据一位学者的统计，“极右”反移民民族主义者在欧洲议会中的数量，短短 5 年时间里增长了 3.5 倍。[34] 一项民意调查显示，69% 的意大利人认为移民是一个负担，因为他们抢走了工作和社会效益。[35] 在希腊，有 70% 的人这样认为，在法国有 52%，而在西班牙有 46%。

“欧洲奶奶”可能根本不是最好的比喻，一个平静地在窗前做针线的稳重老奶奶是不可能对外来者怀有这么大的敌意的。是的，今天的欧洲更像是一个愤怒的爷爷，摇着耙子大喊大叫，让外来者离开他的草坪。

当然，排外是挫败感的可怕外衣，欧洲的问题不是清真寺星期五爆满，而是星期六教堂都空了；不是移民们有太多的孩子，而是欧洲人自己选择不生育；不是外国人抢走了所有的福利，而是许多欧洲人不愿意努力工作；不是移民偷走了欧洲正在拼命寻找的工作，而是欧洲人自己忘记了工作是一种幸福。

欧洲的衰落在最近几年有所加剧，但是 85 年前这种衰落在那座奥地利小村庄马林塔尔就已经开始了。马林塔尔竟然就是欧洲未来的先兆。

而且如果我们不改变的话，它也有可能是美国的未来。

美国可以吸取的三个教训

如今，美国正处于马林塔尔和达拉维之间的某个位置——我们将不得不选择一个方向。一些人说我们应该要城堡，不要贫民窟——即使城堡已经空荡而荒芜，而贫民窟充满了工作、希望和机遇。我明白这一点，但是在专注于物质环境的过程中，我们会犯一些危及我们未来的错误。

马林塔尔和达拉维的故事——以及关于现代欧洲的数据——为美

国提供了三个教训。

教训 1. 人类的尊严不是财富的一个功能

如果你看过达拉维，看到人们生活得比失业了 10 年的某个巴塞罗那人更落魄、更没有尊严，那么你的分析一定会大错特错。这是物质至上的。当然在印度的贫民窟里确实有令人惊叹的贫困，从道德上我们有责任尽我们的所能去缓解它。但是在这些人极度艰苦的生活当中，我参观达拉维时所看到的是尊严，而我在参观巴塞罗那时看到的是堕落。

这完全打破了惯常的物质至上框架，欧洲和美国的社会民主党已经把他们对尊严的观点降低到经济学镜头可以捕捉到的东西，在他们看来，尊严是一个可以通过社会福利开支来解决的量化概念。

不用说，我觉得这个狭隘的想法确确实实落后了。从心理和哲学观念来说，福利不能替代工作，减缓极度的物质需求是必要的，我们应该感到庆幸，我们的政府有资源来为我们提供福利。但是与此同时，这种推动着中产阶级远离劳动人群的膨胀的福利状态正在驱动着我们的社会远离获得成功的尊严。

教训 2. 所有诚实的工作都是神圣的追求

物质至上主义并不是有人觉得达拉维比马林塔尔更落魄的唯一原因，另一个原因是精英主义。有些人简直无法想象有人会从分拣牙刷中得到满足。

我们通过副总统乔·拜登 2014 年 2 月在《视图》（*The View*）中的表现可以看到这种精英主义态度（我并不经常看这个节目），副总统利用这次机会告诉妇女们为什么奥巴马医改是一件幸事：它会给予她们卫生保健服务并由此允许她们放弃工作！“你们当中有多少是单身母亲，带着孩子，做着穷途末路的工作？”拜登问道。[36]

令人印象深刻的是，这一句话抓住了精英社会错误的主要要害，拥有其他精英所羡慕的工作的人会看不起其他岗位的人，他们认为任何人，只要工作不要求受过高等教育，那都根本不是真正的工作——而且政府应该补偿这些可怜的人，使他们放弃他们不体面的劳动。

几年以前，一名《纽约时报》的记者采访了一位名叫西尔瓦·维尼塔·巴斯卡尔的39岁达拉维寡妇。她是个裁缝，通过把自己空余的房间租给打工者来赚取一些额外的收入。她一个月会多赚40美元，她和4个孩子住在另一个房间里。通过令人难以置信的节俭，西尔瓦设法省下几个月的工资为孩子们买了台电脑来帮助他们学习。每年另外几个月的工资用来付孩子们私立学校的学费。她的女儿想成为一名空姐去看看世界，她的儿子则梦想成为一名机械工程师。“这些孩子们的生活应该会更好，”西尔瓦骄傲地告诉记者，“无论面对什么困难都是好的。”[37]

在这个女人的工作中有一种令人难以置信的尊严，她正为自己和孩子们建设更好的生活，她每天回到家——毫无疑问，是筋疲力尽的——都会想到那些孩子将会因为她所做的努力而过上更好的生活。可以确定的是，她通过金钱为他们带来新的机遇，但是更重要的，她为他们树立了榜样，为他们建立了可以让他们追求一生幸福的价值观。

一些人恰恰看不到这一点，他们不认为西尔瓦·维尼塔·巴斯卡尔的工作是尊严的源泉，他们把她的劳动看作是一种惩罚。太多拥有权力和特权的人看不起那些赚不了多少钱，或者按国际化人群的标准其工作被认为无聊的人。

我们更清楚地了解到，在达拉维，女裁缝师的工作从道德立场来说等同于一位首席执行官、一位智囊团主席甚或是美国副总裁的工作。欣欣向荣的经济会为所有教育水平及经历各种各样的人创造工作机会，如果禁止今天教授们的祖先分拣牙刷或缝衣服为自己赚取“利益”，那么我的工作就不会存在了。

不要误解这一点。为保证女裁缝、牙刷分拣工人、麦当劳的工作人员可以为家庭赚更多的钱，我们还有很多工作要做。2015 年的美国不是一台制造现实版霍雷肖·阿尔杰故事的运转良好的机器。

我们必须成为勇士，这样每个人才可以变得更加富裕，尤其是那些最需要救助的人。

但是，毫无成功尊严的富足是肤浅的胜利，我们必须把眼光放得更长远一些。在注意到欧洲青少年失业率之后，最近弗朗西斯教皇问他的那些欧洲主教，“我们要为这些年轻人做些什么呢？给他们一些吃的？是的，这是第一件事，但是这不能赋予年轻人尊严。尊严来自于工作，欧洲奶奶的孩子正处于失去尊严的危险中，因为他们没有工作，不能养家”[38]。

达拉维的人们拥有这种尊严，他们努力养家，他们让自己的工作变得神圣，如果我们不能理解这一点，我们将要实行的政策就不会使那些最需要工作、幸福的人赋予工作足够的价值。我们会让美国变得更像马林塔尔。

教训 3. 定义你的不是你始于哪里，而是你终于何方

一个充满活力的社会是由它往哪里去和它在做什么而定义的。一个静止的社会则是由它现在在哪里来定义的。在上一章中我们看到达拉维是一个充满活力的社会，而催生了马林塔尔和现代西班牙式的欧洲则越来越沉寂。

甚至欧洲穷人住的房子都比达拉维人住的更漂亮，但是达拉维人不会让环绕自己的墙壁为自己下定义，他们是在用为自己和孩子们创造的未来，用他们传递给孩子们的价值观，用他们通过每天工作来增强的强有力的忠诚、家庭和社会纽带来定义自己。

达拉维从表面上看是一个为获得成功的人准备的地方，大部分居民来自于印度各地的贫困村。他们情愿移居到一个拥挤，有时候令人头昏脑涨的贫民窟来。想想这需要多大的勇气和决心，这种决心不是由你在哪儿，而是由你去哪儿决定的。这是移民的箴言，历史上，这也曾是美国的箴言。

纵观美国的历史，美国也曾为这些故事的发生照亮了方向，我们的道德榜样、宣扬的经济体系都曾在建设如今的达拉维中发挥了巨大的作用，但是如果我们借用欧洲奶奶的失忆症，忘记了我们自己的经验教训，那么马林塔尔就是我们的未来。

那么我们在哪里？不管我们参观纽约的收容所、华盛顿特区的贫民区、印度的贫民窟，还是奥地利的失业村庄，对于保守的心来说经验教训都是一样的。我们有责任和义务帮助那些弱势群体，我们也需要他们提醒我们工作的尊严和进步的重要性。

实现这个目标的议程涉及信仰、家庭、社会和工作的文化。它要求我们每个人都提供一点帮助，它要求有一个建立在有真正希望基础上的国家。

这个议程有一个名字，那就是社会正义。

第五章

保守的社会公正议程：一种抗击贫困的更好方式

贾斯汀娜·克莱顿（Jestina Clayton）2000年作为逃离塞拉利昂残酷内战的难民来到美国。她的名字“贾斯汀娜”在母语中是“公正”的意思。[1] 但是当贾斯汀娜在美国试图开始工作时，她见证了所有的事情，唯一没看到的就是公正。

贾斯汀娜为了寻求更好的生活搬到犹他州，她丈夫在上学，她要想办法供养这个日益壮大的家庭，她看到了一个机会：犹他州有许多父母收养非洲儿童，但是却不知道如何为他们梳辫子。在塞拉利昂长大的贾斯汀娜学到了传统的非洲编发技艺，她从5岁起就一直编发，于是她像无数之前在美国创业的人一样，贾斯汀娜想到了进入这个未开发市场的主意：她要开始一项为这些收养的孩子们编发的业务。

消息很快在这些父母中传开，她的业务起步了，“它不可能为我带来几百万，”她告诉美国国家公共广播电台，“但它包罗万象。”[2]

贾斯汀娜·克莱顿是美国的一个成功案例，她逃离了糟糕的环境，来到了一片充满自由和机遇的土地，创办了小生意，这个小生意虽然没有让她变得富有，却让她可以维持家庭生计，建立了自己的生活，这就是美国梦，不是吗？

毫不奇怪，当贾斯汀娜收到一封陌生人的电子邮件时她震惊了，邮件中警告她说："在犹他州，没有有效的美容许可证，做任何美容扩展项目都是非法的。"写信者威胁她，如果不停止编发，就要将她告发给当局。

贾斯汀娜曾经认为在美国开始一项业务所需要的就是一个好想法以及努力工作获得成功的意愿。所以当她发现需要花费 16 000 美元，上 2 000 个小时的课才能从政府那里获得一张美容许可证时，她惊呆了。她要每周花费 40 个小时，共花费 50 周的时间去学习她已经熟练的事情。最糟糕的是，所要求的训练中没有一个小时是用来学习非洲编发的。证书对她的生意根本没有用处。

贾斯汀娜可以肯定，如果她向国家美容协会解释她独特的生意，他们会看到形势的荒谬。她不使用任何要求训练的药品或设备，只是编发。她带着 PPT 来到协会，向他们解释她的生意，要求免除许可证。他们拒绝了她并告诉她，她有两种选择——参加规定培训或者要求州议会修改法律。他们的解决办法就是让一个战争难民，这个国家的新来者，一名试图开展一项新生意的人，去游说州议会。

贾斯汀娜进入了死胡同，她被迫关闭了生意——断了她为家庭建立起来的收入来源，还有这些收养家庭所需要的一项有用的服务。[3]

如果没有司法研究所这个致力于个人权利和经济自由的非营利性公益律师事务所，这个故事可能就会以悲剧结尾。研究所听说了贾斯汀娜的困境，介入帮助她，他们共同起诉犹他州，他们认为法律所要求的 2 000 小时的培训比成为一个武装保安人员（36 个小时）、按揭贷款发起人（60 个小时），或紧急医疗技术员（130 个小时）加起来所需要的时间还要多。2012 年，联邦法官判贾斯汀娜胜诉，法庭宣布："以［犹他州的许可］方案作为贾斯汀娜编发谋生权的前提是完全不合理的，侵犯了她受宪法保护的权利。"

"体系发挥作用了"，贾斯汀娜在胜诉后宣布。[4]

贾斯汀娜很幸运，一个强大的公益律师事务所支持了她的事业，但是并不是每一个面对政府司法砖墙的人都会有如此的资源可用——尤其是穷人不会有。处于贾斯汀娜这种境地的大多数人就只能放弃。

贾斯汀娜的情况并不是独一无二的。考虑一下吧，如果你想在华盛顿特区启动持证的房地产业务——这是中高层收入家庭一项典型的第二产业——你需要 135 个小时的培训。[5] 富裕的妈妈可以雇保姆来照顾孩子，把那些合理的时间投入培训中去，但是如果你想在我们国家的首都启动一项美甲或编发业务——这是穷困的、没有学历的单身妈妈们典型的第一笔收入——你需要 1 500 个小时的培训才能获得许可证。[6] 当在美国的首都成为一名编发师比成为一名房地产商还要难的时候，那么这个体系便真正被操纵来针对底层的民众了。

贾斯汀娜是一名幸运儿，数以百万计的美国人，如果没有她这样的动力、勇气，以及律师事务所的帮助，是没有在美国发展的希望的。目前他们所得到的就是政府承诺，将通过较高的税收和加大再分配力度使其将希望寄托在富人身上。但是这不会帮助一个穷人摆脱贫困，找到更好的工作，受到更好的教育，更不用说创业了。

我们需要真正的解决方案给需要者应得的社会公正。

“社会公正”是什么？

许多保守派谈“社会公正”色变，他们认为这是“左派”的专用术语。其实这是错误的，“社会公正”只是一项不辜负美国公平标准的社会工作。保守派像自由派一样相信公平，只是定义不同而已。

“左派”普遍拥护“分配公平性”的理念，自由派认为除了一些未指明的限制，收入分配不均表面上就是不公平的，因此促进社会公正就意味着利用政府，为了自己的利益推动更大的财务公平。

另外，保守主义者拥护“精英公平性”。我们相信真正的公平意味着每个人都应该有丰富的机会去追求自己的幸福，以及——在为真正的穷人建立合理的安全网的基础上——辛勤工作和努力之后必有回报。

换句话说，“左派”提倡在终点更加平等，而自由派要获得社会公正，则通常是试图通过税收再分配及扩展到远高于贫困线的社会福利支出来平衡收入。

对于保守派来说，社会公正议程意味着通过提高教育、扩大工作机会、增加创业渠道的方式为弱势群体设置更平等的起跑线。那么它必须确保奖励能够反映努力、优点和美德。此外真正的保守主义社会公正还必须与倾向强大的利益集团，以及让普通民众失望的任人唯亲做斗争。

保守的社会公正政策的具体情况是什么？这些政策来自于那些需要我们帮助的人们的心声。这也是我在达拉维和“无名基金”所做的事情。

奇怪的是，这种方法看起来好像很少用，大多数对贫困的研究都不知道是哪儿的人完成的。我的一位同事讲了一个故事很有启发性。一天下午，他在一家顶尖大学的贫困研究中心忙着他的博士论文，这时一个真正的穷人走了进来，他曾看到过楼上挂的牌子，想着他们可能会帮助他。这些专家学者根本不知道要做什么，本能地叫了保安。

应该听听那些真正过过苦日子的人讲述的故事，像拿撒勒·格里芬、德文·格林和理查德·诺拉特这样曾经睡在街道上，现在努力工作，并赢得自己的成功的人。他们准确地告诉我那些挣扎度日的人需要什么来建立富裕、满足的生活。他们会告诉你帮助他们重建生活的三件事：好的价值观、一点点帮助和满心的希望。

保守派所要建立的美国应有的社会公正议程细节正是这三大支柱——价值观、帮助和希望。

价值观

政府解决贫困的传统方法的问题是，许多方法不知不觉中就放弃了民众，正如我们从“无名基金”的事例中所了解到的，由于缺乏对穷人的信任，作为我们个人，作为一个社会，我们经常认为穷人比那些过着富有生活的人能力低。

到现在，每个人都知道美国的贫困通常是和社会病态现象如药物滥用、犯罪、家庭暴力及其他问题交织在一起的。于是价值观在确定人们生活在富裕还是贫穷中这个问题上起着举足轻重的作用。据布鲁金斯学会学者的分析，完成高中学业，获得就业，等到至少 21 岁才结婚生子的成年人，生活在贫困中的概率只有 2%，他们进入中产阶级的概率超过 70%，那些没有遵循这一顺序的成年人生活在贫困中的概率则是 77%，只有 4% 的机会能够进入中产阶层。[7]

而且布鲁金斯的研究表明，婚姻的破裂和婚外生育的增长显著提高了人们生活在贫困之中的概率。有着高中学历或者学历更低的年轻妇女所生育的婴儿中有 40% 是婚外子，这使得这些孩子生活在贫困中的可能性增加了 4 倍。相反，如果现在成年人结婚的比例与 20 世纪 70 年代时一样，那么仅这一事实就可以使美国的贫困减少 1/4 以上。

这些问题是贫困的原因还是结果呢？一些“左派”人士坚持认为这些问题是有症状的，加速收入分配和政府支出计划将有助于清除它们，而一些“右派”人士则宣布这些道德问题是一些重要问题，如果可以简单地改变他们个体的行为方式，物质贫困便会消失。

真相要更加复杂：价值观和经济是交织在一起的。常识和穷人自己的证词都告诉我们价值观总是很重要，经济干预只有和道德干预结合在一起以后，才是真正有效的。

正如我们了解到的，这就是为什么“无名基金”在改变纽约城无家可归人员的生活方面是那么成功的原因。支付子女抚养费是必须的。再度吸毒，工作就会被剥夺，直到你彻底戒毒。这些道德标准不容商榷。“无名基金”很严格，但正是因为这种严格，它才从未放弃民众，如果他们遭到不幸，它会帮助他们重新站立起来，但是从来没有停止用同样的高标准要求每一个人。

核心经验跟优秀父母教育孩子的经验没有什么不同：远离毒品，待在学校，努力工作，节俭，有责任心，毕业结婚前不要有孩子，过正直的生活——否则机会就会远离你。我从来没遇到过哪个父母在要求孩子们举止体面之前，自己却要接受政府救助。事实与此恰恰相反！

所以，为什么这些价值观对我们的孩子有益，对我们需要帮助的兄弟姐妹却有害呢？当我们无法与穷人分享我们的价值观时，我们实际上就是在歧视他们，而且那种隐性偏见剥夺了他们过上有尊严的、自立的生活。

顺便说一句，这显然不是一个被限制在特定种族或民族群体的问题。正如我 AEI 的同事查尔斯·默里在他的研究中表明的那样，其他贫困社区的问题和病症同样影响着贫困的白人。这一问题上所有最权威的研究都表明这是一个经济边缘化和与之相关的有害社会影响的问题。

今天，许多精英认为低收入的美国人在某种程度上不值得享有与其对自己和家庭所持有的相同的文化原则。我们被告知，不管挣多少钱，对每个人持有同样标准的做法是无情的、粗暴的。但事实上，无情和粗暴的正是这种居高临下的相对主义。保守主义者必须为发展每个人、维护个人和社会意义——信仰、家庭、社区，通过工作获得成功——的过程做出可以经历时间考验的储备。

一点帮助

真正需要帮助的美国人的数量正在增长。从无家可归全国中心 2010 年的一项分析发现，经济大萧条期间无家可归的孩子比例飙升到了惊人的 38%。[8] 一个公共卫生研究团队发布了新的预期寿命的调查结果，这一结果让 2012 年《健康事务》杂志的读者目瞪口呆。即使医学的进步已经延长了全国平均寿命，学者们发现，自 1990 年以来，接受的教育少于 12 年的低收入白人女性的预期寿命实际上在下降——而且是大幅下降。[9]

除了缩短寿命，贫穷还能抑制大脑功能。2013 年，《华盛顿邮报》显示了一项发表在《科学》杂志上的研究结果，[10]“贫穷消耗了如此多的大脑精力，以至于那些努力保持收支平衡的人们通常没有什么脑力去想其他事情，这使得他们更容易做出延续他们目前状况的错误决定。贫穷等同于熬一个通宵，”一位研究者解释说，“熬一个通宵后看看你自己是什么模样，而穷人则日复一日地这样生活。”[11]

另一个同样令人不安的研究发现，在贫困中长大在一定程度上使儿童的大脑活动减少，这种减少在很小的时候就开始了。一旦婴儿早期——之前我提到过，像免费学前班或大脑开发这些通常讨论的解决办法要介入——家庭中机会和成功的缺乏会降低他们大脑的正常运转。[12]

受到这些事实驱动的保守主义者自然会自掏腰包，大手笔地进行解决。以下是我在为我 2006 年的《谁真正关心》一书做调查时发现的有关慈善捐赠：

户主为“保守派”的家庭比户主为“自由派”的家庭向慈善机构的捐赠平均多 30%。[13]

这一差异并不是源于收入不同；相反，每年自由派家庭的平均收入比保守派家庭多 6%，但仍旧捐助得少。从穷人到中产阶级再到富人阶层，每一个收入阶层中，保守派家庭都比自由派家庭捐助得多。

这种差异不仅仅表现在金钱上。2002 年的数据表明被认为是“保守”或“极端保守”的人占不到总人口的 1/5，但献血量却占总献血量的 1/4。如果自由派和温和派也能像保守派这样献血，那么美国的血液供应量马上就能增至约 45%。[14]

显然，保守派对待金钱方面还是很慷慨的，但是我们也知道我们不能通过私人捐赠解决所有的贫困和需求问题，我们可以也应该给予更多，而且必须继续以身作则，但是即使在这样一个慈善成绩显著的国家——这里，自愿捐赠一项就超过了如以色列、智利这些国家的国内生产总值——在接近援助水平的任何地方，私人捐赠也不能保证各政治派别的大多数美国人相信这是我们的道义责任。

考虑一下吧，美国人每年向人类服务组织捐赠以帮助弱势群体的总额达到约 400 亿美元，[15] 现在假设我们把这笔款项用在 4 650 万美国人身上，让他们接受粮食援助，这个援助过程如果能够不花什么钱、拥有完整效力，那么每年每人只需要 860 美元。

或采取 2011 年卡特里娜飓风时那令人难以置信的捐赠水平：捐款的总额超过 30 亿美元，这是一个创纪录的数字，甚至突破了 2001 年“9·11”袭击的应对措施。[16] 但即使这一历史性事件募捐了如此之多，也只抵消了风暴给路易斯安那州和密西西比州受灾地区带来的损失的 3%。[17]

自愿捐赠本身无法尽善尽美，这就是为什么我们需要一张政府保障网，为什么大多数保守主义领导人和思想家要为穷人捍卫这张保障网的原因。

对最后一点不是那么确定？这里有一个小测验：谁写了下面一段话？

> 一个已经达到财富总体水平并拥有某种安全的社会，没有理由不去保护那些并未危及一般自由的群体……让每个人都能得到一些最低限度的食物、住房、服装，保持足够的健康和工作能力。

> 此外，政府也没有理由不去协助个人针对生活中一些常见的危害做出适当的准备。[18]

这是不是富兰克林·罗斯福说的？拉尔夫·纳德？参议员沃伦？没有那么久远，这是标志性的保守自由主义经济学家弗里德里希·哈耶克说的，这段话是他开创性的关于自由市场的著作《通往奴役之路》中最有特色的一段，在他对为真正的穷人和有需要的人而建的社会保障网的支持中，他并不孤单。

这里还有另外一段话：

> 我们是一个人道而慷慨的民族，我们毫无保留地履行我们的义务去帮助残疾人、老年人，以及那些自己没有过错却必须依靠自己同胞的不幸的人们。[19]

这是罗纳德·里根在他的加州州长就职演说中谈论保障网时所说的一段话。

哈耶克和里根都认识到了一个真正的社会保障网是我们自由市场制度的伟大成就之一这个道德真理。自由企业使美国如此繁荣，作为一个社会，我们有能力照顾那些无法自足的兄弟姐妹们——并为那些运气不好，需要帮助的人提供临时帮助。

哈耶克和里根也较早地区分开了“一些最低限度的食物、住所和衣物”（为真正的穷人而建的核心安全网）和如今的福利国家中那些蔓延的寻租的混乱状态。这就是为什么“右派”会谴责为更广泛地重新分配收入而设的不断扩大的体系和为建立国家对经济更大的控制权而拥护真正的、可持续的保障网的原因。

这正是里根在他的就职演说中接下来要说的。“我们寻求改革，”他解释说，“尽可能将救济金变成薪水……这不是在任何惩罚意义上完成的，而是让一个人在提供有用服务的同时恢复其自尊的开始。”这是必要的，里根说，因为“在摧毁自立、尊严、自尊的过程中没有人性或慈善…… 道德范畴的实质内容”。

弗朗西斯教皇最近在工作对尊严的重要性这一点上表达了相同的观点：“我想强调一下，没有什么物质贫困比让人无法谋生，剥夺其工作尊严更糟糕的了。”[20]

教皇知道，里根也知道，福利支票无法代替薪水，这就是为什么，即使我们支持一个强有力的社会保障网，我们也必须尽可能帮助更多的人摆脱贫困的原因。保守党必须骄傲地成为美国政治的唯一一支在为真正需要帮助的人们维护可持续保障网的同时努力工作的党派。

不幸的是，美国现在正在背道而驰，我们被授权的项目在人们的生活中越来越重要，但是财政上越来越难以维持。2009 年至今，接受食品券的美国人数量已经上升到 45%，数百万人处境危急，2009~2011 年，三个美国人中就有将近一个人在至少两个月的时间内生活水平滑到了贫困线以下。[21] 这个时候，全国有一半的人口靠薪水度日，如果失去了工作，生活将难以为继。[22]

其原因并不是一些对依赖性的新奇渴望，美国人不会在养育子女时希望有一天他们长大了，可以去依靠政府勉强维持温饱的收入。正如我们所看到的，依赖性在美国加深的原因是底层民众缺乏机会。

那么面对日益加深的依赖性问题，恰当的保守主义应对方法是什么？这里有一个错误措施，一个某些保守派领导人倡导的措施：削减食品券！

试图通过以核心安全网相对没有争议的部分为目标来降低依赖性

的做法是一个道义和政治上的错误。大多数的穷人不想依赖食品券，他们想工作。当文化水平低、技术水平低的工人的失业水平遇到了经济大萧条最严重的时期时，他们在这样一个环境中是无法找到工作的。数以百万的人走在经济的钢丝上，虽然目前不差，但要经常担心他们是否可能会踩空落地。当一些保守派政治家们投票削减食品券时——不管怎么说都不是一个有效的、长期的赤字驱动方法——这些美国人看到的是保守派撕毁了保护他们的安全网。

相反，保守派应该成为保护安全网的守护者，让它保护真正的穷人，并用工作来激励它。这就需要旨在防止破产和紧缩的财政保守主义政策。核心安全网最大的长期威胁不是怒目而视的保守主义预算削减，而是在针对非真正穷人的项目上超出控制的福利支出。“左派”啦啦队中的一些人留给我们的未核查的财政挥霍让我们无法为那些真正需要它的人，为安全网最基本的部分提供资金。

有所怀疑吗？看看欧洲所处的痛苦边缘吧！当经济危机让希腊别无选择，只能在大幅度削减开支的时候，随后的紧缩政策则更加重了穷人的苦难。2012 年，当一位 77 岁的退休药剂师在雅典中心广场爆头自杀，留下一张字条说，他无法忍受“翻垃圾箱找食物，成为孩子的一个负担”的时候，全世界为之震惊，他的字条指责了缩减社会安全网的紧缩措施。[23]

无独有偶，《纽约时报》2012 年报道说：“希腊在过去三年中报道的自杀人数急剧上升，趋势专家把这归因于欧债危机的影响，其中包括上升的失业率——现在是 21%——和深化的贫困。”[24] 当这些最易受伤害的人遭受到紧缩政策的最大伤害之后，在其他报告整个欧元区无家可归和食品不安全的状况中发现了同样令人担忧的趋势。教训很清楚：财政挥霍冒着破产的风险，会导致财政紧缩，继而又会导致为那些真正需要它而设的社会保障网的破裂。

我们不能把穷人置于这样的风险之中，把钱浪费在愚蠢的国内蠢事上，浪费在为设有特别权限的公司提供特殊补贴上，浪费在为那些并不真正需要它们的人的权利上，这种浪费不再是一个可行的选择，承诺一个保障网很容易，但是为什么不承诺一个，然后见证它真正实现呢？当务之急需要财政纪律。

这才是真正的同情心——真正的保守主义。

总之，保障网的保守主义取向应该有三个关键部分：第一，大家都知道，针对真正有需要的人而设的真正的安全网计划，概念上没有什么不对的，SNAP[①]、住房保障、医疗补助的实施肯定不完美，但是它们的存在本身没有什么可遗憾的。美国人应该对有这样一个有限的、可持续的网络感到自豪，因为它可以帮助我们最脆弱的邻居；第二，这些政策必须经过设计、管理和调整来帮助那些真正需要的人，而不是我们其余这些人；第三，安全网的最终目的不能只是使一些永久生活在贫困中的美国人有一个稍微不那么悲惨的经历，我们的目标必须是帮助穷人过上一种有尊严、独立、自强的生活，最重要的是，要工作。

一大堆希望

有两种非常不同的帮助：破坏希望的帮助与产生希望的帮助。许多政府举措无意中引发了意外的错误，很多时候，政府所提供的物质

① 补充营养援助项目，之前称为粮食券计划。政府最主要的反饥饿项目，旨在为穷人家庭提供食品经济补贴，以保证每个穷人都不会饿肚子。——译者注

救济含蓄地告诉受益人，“你不能做到这一点，所以我们要帮你”。

我们给穷人的信息正好相反。我们需要传达的是我们在上一章中了解到的有建设性的、实用的那种希望：“这是可以做到的——你可以做到这一点。”认真地传达这一消息需要新的正确的社会公正议程第三条：机会。

保守派已经把机会当作我们事业的必要条件了。没有什么比霍雷肖·阿尔杰的故事更激励我们的了，这是一个白手起家，爬到顶端的故事。因此，我认为，社会经济机会的梯子似乎正在失去它的最低梯级，应该没有什么比这个更让政治权力头疼的了。

保守主义社会公正议程如何扭转这些趋势，并为所有人增添希望和机会呢？有机会的社会有两个基本组成部分：第一，要有创建人力资本的基础教育体系；第二，要有一个奖励辛勤工作、优点、创新、个人责任的经济体系。所以，保守派必须充满激情地推动教育教学改革，并为建设对每一个美国人开放的自由企业而不懈努力。

对社会公正有意义的进展不能在僵化教育体制中进行，因为它是把成年人的就业保障置于儿童公民权利之前的。控制美国学校数百年之久的制度太容易阻挡经济其他部分的革新了，根据卡托研究所的安德鲁·库尔森汇编的数据，每个学生的联邦教育开支猛增到 1970 年水平的近三倍，[25] 这种新资源的大量流入到底给我们带来了什么？我们学校系统的就业名单增加很多，但是孩子们在阅读、科学或数学上的考试成绩却没有被检测到有所提高。这种低效率在美国不是均匀分布的，我们破碎的官僚体制系统将最糟糕的产品提供给我们最脆弱的孩子。华盛顿特区在每个学生的教育支出上一直名列前茅，但城市里公立学校的学生中只有一半是熟练阅读者。[26]

类似的故事是拥有贫困人口的城市的共同特征，相信一个只有读写能力的高中辍学生能够在美国公平地参加比赛的想法都是自欺欺人。如果你没有一个良好的教育作为开端——如果你从来没有系统地学过读写或加减，你在落后数百码的地方开始生命的赛跑，是根本不可能获得成功的。把更多的钱投入现有的中央集权体系中就是把更多的钱扔到井中，许多政客的盲目信仰同样是妄想。

看起来好像我们并不知道如何改善这种情况，事实并不是这样的，数十年的研究和实验已经表明了特许学校、优惠券和其他创新技术是如何让贫困儿童受益的。在一个严谨的研究中，哈佛大学和布鲁金斯学会的学者发现纽约市的教育券显著增加了上大学的非裔美国学生比例。[27] 斯坦福大学研究表明获得在特许学校的学习机会将纽约市黑人白人在阅读上的成绩差距缩小了66%，数学上的差距缩小了惊人的86%。[28] 哈佛大学的经济学家发现波士顿的特许执照发生了大量相似的改进。[29]

我AEI的同事弗雷德里克·赫斯花了几十年的时间研究这些结果，他的结论是明确的："对于被困在危险和表现不佳的城市学校系统的可怜的父母们来说……择校就起作用了。"[30]

同样，我们有丰富的教弱势儿童以及招募、保留和奖励最好老师的最好方式。在最近的一项研究中，来自哈佛大学、芝加哥大学和加州大学圣迭戈分校的著名经济学家发现连接教师工资与学生表现的有创造性的方法可以提高工薪阶层学生的测试成绩。[31]

为什么这些以及其他无数教训在全国范围内被置若罔闻？如果我们知道这种择校和支付绩效的工作，为什么我们不处处实行这些解决方案呢？简单地说，它们打乱了现状。在加利福尼亚州，有超过295 000名的教师和近25 000名管理员在K–12教育部门工作，这个部门消耗了国家整个通用基金的 40% 以上。[32] 根本的破坏性创新可能为数量庞大的、工作有序的成年人带来极大的困扰。显然，为让大多数人受益而存在的家庭和社区很少有时间和闲钱用于昂贵的政治斗争。

这是一个典型的公共选择问题。只有为社会公正而进行的讨伐才会获得赢得战斗的机会。美国的公立学校让数百万孩子失望，难道我们这一代会容忍这一点吗？难道我们要继续容忍把成人的利益置于孩子之前的学校的体系上吗？

另外，还有高等教育。美国僵硬的、习惯一刀切的高校系统阻碍了太多美国年轻人的成功道路。

2006 年和 2011 年，平均通胀调整后家庭收入下降了 7%。公立四年制大学的平均学费在此期间增加了 18% 以上。[33] 2011 年一所私立大学短短一年的平均学费大约 33 000 美元，[34] 在美国一直关注医疗费用的时候，大学费用已增加了两倍左右。[35]

膨胀的学生贷款债务、即将破灭的大学泡沫、学士学位回报率的持平或下跌，所有这些事情都在寻找创业解决方案。一个流行的想法是 10 000 美元大学学位计划——所谓的 10K-BA——源自比尔·盖茨对教育者的挑战，而且得克萨斯州、佛罗里达州和威斯康星州的州长开始努力使之变成现实。[36]

大多数 10K-BA 提案重新思考了高等教育——传统课堂教学——最昂贵的部分。可以预见的是，这意味着高等教育将依赖于在线和远程学习这些替代方式，而且正如预见的那样，这将刺激对非传统学习模式的抵抗。批评者称之为对骗子和文凭工厂的挑战。

正如《高等教育纪事报》社论所说的那样，“没有 PPT 演示文稿或优雅的在线讲座可以弥补与另一个人充满活力、开放式对话所带来的惊奇、战栗、无意识中的给予和索取”[37]。当你体会这种战栗的时候会发生什么？用一位大学教师协会主席的话说，“你会被授予那些毫无价值的学位”[38]。

我明白这些关心，但是我不赞同。你看，我正好拥有一个 10K–BA，是在 1994 年获得的。获得非传统学历是我在专业上走出的最重要的一步，在前面的章节中，我回顾了我是如何从大学辍学去做音乐，然后在我快 30 岁的时候空降回来函授学习的。那时候埃斯特和我的银行账户里都没有什么钱，也不想带着学生贷款的压力开始我们的生活，多亏了托马斯爱迪生州立大学的虚拟教育，我获得了学位，其中包括一些三手书籍和汽车贴纸，大约相当于今天的 10 000 美元。我参加了与那些学校学生同样的考试，只是他们有人监考。我从来没有见过一个老师坐在某一间教室里。

难道我获得了一个“毫无价值的学位”？不能这样说，我的本科生涯可能被剥夺了那些“战栗”，但我最终得到了一个伟大的职业生涯。在 10K–BA 之后，我又在一所二线公立大学获得 5K–MA（5 000 美元获得硕士学位），同时还继续我的全职工作。最后，到了回归主流的时候了，我一边做兼职工作一边学习，获得了一个标准的博士学位。一个 30 多岁的家伙供养家庭的最后账簿是：一个学士学位、一个硕士学位、一个博士学位，以及绝对的零债务。

当然，我这曲折的过程也的确走了捷径。有很多事情我错过了，我本来可以在哈佛或普林斯顿获得学位的，但是，如果明面上唯一的选择就是传统大学，那么我是绝对没有机会接受高等教育的。我的生活将会完全不同。

在最终获得学位多年后，我写了一篇关于我的非常规教育历程的文章发表在《纽约时报》上，托马斯爱迪生大学的校长看到了这个故事，打电话给我，授予我荣誉博士学位，并让我在新泽西州的学校毕业典礼上发言。我欣然前往，这将是我第一次亲身拜访我的母校。

这次拜访，我带上了二儿子卡洛斯，那时候他 13 岁。为了表达自己的热情好客，学院把我安排在普林斯顿，而不是特伦顿。普林斯顿是一个更富裕、更如诗如画的小镇，里面还有一所可以说是全国最优秀的大学。

第二天早上，特伦顿冰球场上的毕业典礼表现出了可能与前一晚最明显的对比。前一晚，我们看到的是美国精英；今天，数百名脱下工装的工薪阶层的成年人站在台上毕业了，一半是少数民族，很多是现役军人，绝大多数都在 30 岁以上。

心情是欢呼雀跃的，一个女人把这种心情完美地表达了出来，她介绍完名字后，大声说："我感谢这一天，感谢我的 5 个孩子，感谢耶稣！"

这些人——我托马斯爱迪生大学的校友们——给卡洛斯上了一堂比我所希望的更简洁的课，我素未谋面的这些人是埃斯特和我想传授给孩子们的价值观的体现。他们拒绝接受已有的生活环境，这里没有特权或精英，只有希望、拼搏、赢得的成功——以及为了以自己的方式构建生活而热切的奉献。

我们需要让他们更多地去分享成功，我们要帮助更多的美国人找到负担得起的、有意义的方式提高他们的才华和构建更好的生活。

教育改革只是第一个战场，一旦配备了教育，让他们有充足的人力资本来获取成功，美国人就应该有一个充满希望的经济体系，使获取的成功在可以想象的最大范围内成为可能。

只有自由企业体系可以满足这一要求。保守派能够而且必须无歉意、不妥协地支持这个事实。为了所有民众的利益，我们的最终目标必须是建立像今天的民事权利一样普遍被接受的、无党派的自由企业。

我们已经讨论过那些击碎美国经济底层民众创业希望的障碍。整体创业的数据同样不容乐观：据盖洛普公司2008年的调查，35年来第一次，美国企业的破产率大于新公司的创立率，[39] 在此之前，每年新兴企业超过倒闭的企业约10万家。在过去的7年中，每年倒闭的企业超过新兴企业约7万家。

这并不是说普通员工获得成功，企业家就要受到损害。在技术结束衰退多年后，工薪阶层的人仍处于衰退之中，美国底层家庭中的20%见证了从2009年到2013年他们的收入平均下降了7%。[40]

这有助于解释一个特别令人不安的趋势：近至2007年，70%的美国人满意自己通过努力工作就能获得成功的机会，只有29%的人不满意，如今这个差距缩小到54%的人满意，45%的人不满意。[41] 在短短的几年里，我们就已经从把我们的经济看作真正的精英经济衰退到认为它更像是一个抛硬币的游戏。

面对所有这些可怕的数据，一些政客却把自由企业解决方案推到一边，取而代之以偏激的、增加收入的老套做法——提高最低工资标准。加利福尼亚州、新泽西州和其他11个州最近提高了州最低工资。哥伦比亚区议会最近批准从8.25美元至11.50美元的大规模增加，这将在2016年前逐步实施。2014年，美国总统奥巴马签署了一项行政命令，将按新联邦服务合同工作的个人的最低工资标准提高到10.10美元，并呼吁国会将全国最低工资从每小时7.25美元提高到10.10美元。正如总统在他2014年的国情咨文中所说的，到了“给美国加薪”的时间了。

显然，奥巴马的意图不是消除50万就业岗位，而是美国国会预算办公室所说的拟议最低工资标准上调所做的事。而消除的岗位正是那些最贫穷、最边缘化的工人在工作中最无力把握的岗位。

加州圣迭戈大学[42]的研究人员研究了最近联邦最低工资从2007年7月的5.15美元到2009年7月的7.25美元这一系列上涨的影响。以下是他们的研究发现：

> 最低工资的增加减少了就业，平均收入和低技术工人短期和中期运行时间跨度内的收入……大幅减少了低技术工人上升到我们定性为中低产阶层收入的可能性……这种减少对于所受教育相对较少的低技术工人影响特别大……这一时期最低工资标准的增加可能使低技术工人到达收入阶梯中第一个梯级的难度加大。

简单的事实就是，像大多数政策一样，提高最低工资标准创造了赢家和输家。赢家往往是那些不需要帮助的人，包括中高收入家庭中很多的二次收入。想想为抚养十几岁的孩子们而进行的最低工资标准上调。从最低工资标准上调中获益的工人只有约11%生活在贫困家庭，超过40%的人生活在收入至少是贫困家庭三倍的家庭中。[43]

同时，输家就是那些处于寻求和保持工作最艰难时刻的人：非常贫困的人、残疾人、缺乏经验的人、接受教育很少的人。来自《彭博新闻》（Bloomberg News）的一个辛酸故事便描述了这样一群在为联邦政府提供服务的非营利性机构里工作并热爱着自己的工作的残疾人。[44]奥巴马为联邦工作人员提高最低工资标准的决定正迫使一些边缘化男人和女人们失去他们珍惜的工作。对于他们以及数不清的其他人来说，最低工资标准的提高使本就难以把握的劳动力市场阶梯底层变得更难把握了。

在我写这本书的时候，非裔美国青少年的失业率约为33.2%。处于16~19岁之间正在努力寻找工作的黑人青少年中有1/3找不到工作[45]。现在想象一下，有人提出公共政策议案，提出为了给中产阶级十几岁的孩子加薪，将进一步减少城市少数族裔青年的机会，你会支持吗？当然不会。但这正是提高最低工资标准所做的事情。

一些读者可能会反对：为什么有人会提出明知道会消除最贫困的美国人就业机会的政策？这是没有意义的。答案是支持者根本不担心消除这些工作，部分是因为经济学上的分歧，部分是因为他们认为安全网替代这些“穷途末路”的工作绰绰有余。有些人会得到福利，其他人将获得更高的工资——人人都是赢家！

但是保守派坚持认为这对穷人来说是可怕的失败。使人失去工作，去领公共救济金永远不是一场胜利——对我们的国家来说不是，对民众自身来说当然也不是。减少最贫困美国人的入门级工作机会，只为了给那些在经济阶梯中本已高过他们的人加薪，这是不道德的。底层民众需要一些成为雇主青睐的雇员、过渡到更高收入的工作、为家庭构建更美好未来的工作经验，剥夺他们获取这些最初工作经验的做法永远都是错误的。

我冒险猜测一下，很多看到这本书的人，就像我和我的妻子，都在某些时候做了只获得最低工资的工作。我们从中得到了什么？我们学会了如何按时出工，付出我们最大的努力，与人相处，把握方向，用我们的时间和努力创造价值。如果这些经验对我们很好，我们为什么要拒绝给予那些穷人呢？

很多年前，我在飞机上与一名同机旅客交谈，作为一名经济学家，我对人们整天在工作中都做些什么很感兴趣，于是我就问他是做什么工作的，他是一家拥有数百个快餐店公司的首席财务官。我不了解快餐，所以，我开始问他各种各样的关于供应链管理和其他不只是我这样的经济学家感兴趣的问题。

但是接着我犯了一个大错，不假思索地，我问他："创造了许多没有前途的工作，你有没有觉得难过？"他的脸变得有点红，我意识到我搞砸了，所以马上向他道歉，他的回答我永远也忘不了。

"让我解释一下，"他开始说，"如果你在我们的一个餐厅里工作，按时上班、不打架、不吸毒，你可能会在一年内提升为经理助理。你就能够养家，如果你在这里工作四年，而且工作得很好，你就可以提升为店铺经理，赚一份可观的薪水；如果你工作得足够努力，有一点小小的幸运，并且你能坚持下来的话，你就可能像我一样——因为我就是从翻牛肉饼开始的。"

美国没有无前途的工作，可能只有无前途的政府，很多时候会有无前途的文化，但是没有无前途的工作。请记住，保守主义者认为所有的工作是一种幸福，不管它是否会让你变得富有。这就是我们为什么会在消除工作，将公众推入公共援助，并称之为胜利的想法面前退缩的原因。

不过，虽然赚取最低工资的工作可能会带来很多的尊严，但是这点工资有时候不足以养家却也是事实。在很多情况下这是一个现实的问题，我们不应该忽视它。保守派需要一个解决方案来解决这个问题以及市场和弱势群体问题。

有一个想法：保守派可以支持所得税抵免（EITC）的扩展，EITC是通过已使数以百万计的人脱离贫困的税收制度来管理的工资补贴。它奖励工作，并帮助确保底层人员可以照顾他们的家人不至于生活在贫困中。紧随自由企业永恒的原则，人们工作得越多挣得越多。

加利福尼亚大学那项显示了最低工资上涨如何减少底层民众就

业和收入增长的研究还发现，EITC 有相反的效果。“EITC 的分析，”研究者们写道，“发现它可以增加低技能成年人的就业以及他们养家的收入。”

EITC 是目前美国经济政策库中促工作、反贫困最强大的措施。但如今 EITC 对有孩子的家庭要比没有孩子的家庭更为慷慨：2014 年一名无子女职工可以从 EITC 获得约 500 美元，而一个有三个或三个以上孩子的工人可以得到超过 6 000 美元，如果我们想为无子女的年轻人创造机会，帮助他们积累经验自力更生，那么我们就应该扩大 EITC 的范围，为他们也带来好处。

我们当然不能到此为止，我们还必须帮助数百万面临长期失业的美国人创造希望，这些美国人，这些大萧条时期最大的受害者，陷入了恶性循环当中，他们失业的时间越长，就越难找到工作，因为长期的失业状态使他们对于雇主来说越来越缺乏吸引力。

长期失业的一个原因是雇员和就业机会之间的不匹配。有些地方像北达科他州（失业率目前低于 3%）的雇主都迫切需要工人，而在像大西洋城、新泽西州（11.3% 的失业率），或加利福尼亚州弗雷斯诺地区（失业率为 11%）这样的地方，工人们都渐渐失去活力。[46]

我 AEI 的同事迈克尔·斯特兰曾建议为这些长期失业者创造搬迁券，政府可以帮助长期失业的美国人支付成本，使他们能够转移到机会更加丰富的地区。这是政府与劳动力市场合作，而不是对立的例子。显然，不管补助多么慷慨，不是每个人都会得到并搬迁的。但是，当区域之间经济条件差异很大时，机会还是一个强大的因素。搬迁援助可能会为一些人带来朝气，他们需要开始重建他们的简历和生活。此外，没有什么比为寻找机会而搬迁更美国化的了。

我们以贾斯汀娜·克莱顿的故事作为本章的开始，不幸的是，这并不是如今我们通常会从保守派领导人那里听到的创业故事。

当你在竞选活动中听保守派政客的演讲时，你会听到他们歌颂创业者的美德。但它往往是这样的："我遇见了一个人，他在城里不太好的区域长大，过着某种艰苦的生活，之后他开始创业，他没有钱，辍学了，但决定开一家消声器店。于是，他借了一点钱，最重要的是，他努力工作，日复一日，年复一年，都坚持了下来，现在，他拥有数以百计的消声器店。"

"哎呀，他是一个亿万富翁！"

这很棒，销售消声器的亿万富翁。但这不是我们应该讲的主要故事，我们的运动关注的不应该是那些成功创造财富的人，而是那些没有致富的人——关注他们通过激励自己摆脱贫困，建设自己的生活，供养自己的家庭，了解自己的真正目的所表现出的繁荣兴旺，这才是美国创业精神的精髓，真正的创业精神是紧跟贾斯汀娜·克莱顿的脚步，无论你发财与否，都将自己的生活当作一个激动人心的项目。

这就是把我们的祖先带到这个国家的希望，大多数移民不是怀揣成为亿万富翁的梦想来到这里的，他们来到这里是因为他们不想因为他们的出生地、姓氏、宗教，或皮肤的颜色而受到压制，他们希望人们以他们用努力和优点所做的事情来评判他们。他们想要公平——不是再分配的平等，而是真正的公平；不是收入的平等，而是机会的富足，他们只是想要一点保守的社会公正。

保守主义者需要成为维护真正公平的勇士，这就意味着我们必须为真正的创业精神而斗争，我们需要为可以扭转令人不安的流动性趋势的政策和文化而斗争，我们需要学校成为孩子们生活的地方，而不是成人工作的保障处。我们需要通过鼓励为最边缘化的民众创造就业机会、以向各级创业阻碍宣战的方式创造希望，我们需要在道德上恢复我们对获得成功的文化元素的欣赏。

争取社会公正的快乐斗争

我们国家有许多没有解决的需求，多年的错误政策和物质至上的文化使之恶化，上面提到的社会公正议程可以让我们重新启动，朝着塑造最好的自我和争取帮助弱势群体的权利进发。

这是一个可以促进价值观、帮助和希望的议程，它捍卫信仰、家庭、社区和工作的文化，提高我们的慈善事业，保护为真正需要的人而设的安全网，争取将教育改革、创造就业机会及自由企业作为深刻的道德规则。这项议程建立在一个基本信念之上，那就是，最好的福利计划是稳定的家庭生活和一份真正的工作。

这项议程将发挥最大的作用，为大多数人谋福利——而且它会重振保守主义运动，它使我们将少数反对派手中的权力转化为为人民而战的多数主义社会运动，并与真正的保守政策一起拥护真正的社会公正。

为人民而战并不意味着一个新政府计划的庞大目录，也不意味着为反对那“1%”的人而占据公园将其包围，它意味着仔细思考谁是有需求的人以及如何最好地满足他们的需求，也许某些情况下，例如照顾真正的穷人，正确的解决方案可能会涉及政府。在如贫困孩子进入了效率低下的学校、企业家们奋力创业等其他情况下，适当的保守主义措施是让政府停止制造伤害，勿加阻挠。两种情况下，保守主义者能够而且应该成为保护弱势群体的勇士。

繁荣可以增长，更多的人可以拥有它。我们可以让更多的人摆脱贫困，在道义上，我们有责任这么做。长久以来，我们已经将同情心和公平性的概念让给了改革论者。但是现在，我们看到了越来越多真正的保守派领导人，像众议员保罗・瑞安、参议员马可・鲁比奥和迈克・李、前州长杰布・布什和其他许多领导人，挺身而出，领导着为争取保守的社会公正而进行的斗争。他们明白，如果保守派成了弱势群体的保护者，那么我们激起的火花将在美国重新点燃希望之火。

在道德、情感和选举方面，没有哪个机会会比为那些需要我们帮助的人呐喊这样的机会更有前途的了。

第六章

从抗议运动到社会运动：新权利路线图

这是掀起了一场政治暴动的火花。

2009年2月19日，一位名为里克·圣泰利的美国国家广播公司财经频道评论员，在国家电视台发出了“全世界都听到的咆哮”。随着经济衰退造成的破坏不断深化，国家也日益边缘化。银行倒闭、家庭价值衰退、数百万接受了抵押贷款却无力偿还的美国人，选择了简单地离开，让他们那些乱七八糟的贷款成为别人糟糕的投资。而此时奥巴马政府，也正在考虑通过为每个人提供政府资助的抵押贷款救助金的方式来解决这一问题。

正在芝加哥商业交易所进行现场报道的圣泰利，转向他身后的贸易商大叫道：“你们这些人中有多少人愿意支付你邻居一份额外浴室的抵押贷款，却不能支付他们的账单？举一下手，奥巴马总统，你在听吗？”随后，他即兴宣布：“我们正在考虑于7月建立一个芝加哥茶党，所有希望出现在密歇根湖的资本家听着，我要开始组织了。”[1]

自此，现代的茶党便诞生了。

这也是叛乱通常开始的方式，普遍的无奈累积再累积，直到有人说了什么或做了什么，渗入这种无奈，激起火花点燃干草，引起熊熊大火，用最初的茶党组织者塞缪尔·亚当斯的话说，“不需要多数人加入进来，只需要少数愤怒的、不知疲倦的、热衷于在人们心中点燃丛林之火的人即可”。学者们都争论亚当斯是否真的说过这句话，但它确实体现了1773年到2009年期间茶党的精神。

当然，2009年到处都铺满了干柴，只有20%的美国人对事情进展的方式感到满意。[2]在华盛顿，我们有行政机构、有政府、有统治精英，但是许多美国人认为他们对满意人群比例的下降毫不在意。一些活动家也相信他们完全了解下降的原因：两党的政治家们夸张地扩大政府编制，超额开支，救助不负责任的银行家和公民，并单方面将破坏性税收和消除工作的法规强加于民。

茶党让保守的政治震惊，依靠基层的民意，共和党——由茶党候选人主导的——2010年夺回了众议院。[3]在美国这个保守派赢得了国家立法机构一个世纪以来最高比例席位的国家，茶党的影响力曾是最大的。它不仅赢得了奥巴马和民主党的支持，而且赢得了共和党当权派的支持。保守派中的抗议者对当权的共和党参议员提出质疑，并在公开初选时离席，以反对当权者亲自挑选的候选人。一些茶党候选人最终输掉大选，因为许多人认为这些选举是共和党可以随意撷取的。但茶党的反抗成功地选出了新的保守派改革者——例如参议员马可·鲁比奥，迈克-李和帕特图米等——他们正在华盛顿留下持久的印记。

茶党的反抗不仅感动了投票的选民，也感动了普通民众。根据盖洛普民意测验结果，同意茶党，认为“大政府”是国家的最大威胁的美国人数量，从奥巴马就职时的55%上升到2011年的64%。在2013年达到了有记录起的最高点：72%。[4]这主要是共和党驱使的（其中92%的人认为“大政府”是美国最大的威胁），但是大部分民主党人——56%——也表示赞同。“大政府”从来也没有在美国人心中受到如此大的质疑，它看起来就像无法停止的运动。

但随后在2012年的选举中，晴天霹雳从天而降：巴拉克·奥巴马以决定性优势打败米特·罗姆尼再次赢得大选。仅仅在一年前，许多保守派还认为这是一个不可思议的转折，而学者则争论它是否构成了茶党浪潮的不可否认性。事实上，在2010年11月支持率达到了32%的高点后，茶党支持率到2014年11月已经下降到了19%。[5]难道这就是茶党结束的开始？难道反抗注定要苟延残喘一阵，然后逐渐消失吗？

这要看情况而定，“茶党现象”是保守主义运动的研究个案。正如我将要在本章讲到的，运动未来的相关性取决于它是否能够从一个抗议运动转变为社会运动。[6]这会为保守主义的未来带来更广泛的经验教训。

如何组织一个社会运动

一个抗议运动——反抗——在概念上是简单的。确定苦难的根源，招募其他人与之做斗争。无论它是强征暴敛、不代表民众意愿的暴政，还是一个领导力失控的政府，你都要确定一个敌人并攻击它。

反抗，本质上是对立的。对立就其本质而言是少数的，除了一些明显的例外，如那些残暴的种族或宗教少数派压迫人民，你“反抗”的不是少数人，而是不公正的大多数。反抗可以归结到我们与他们，这里的“他们”是强壮有力的，而“我们”是弱小的，但又是勇敢的。将抗议完全转变为社会运动的关键是停止对立，成为大多数。实际上就是由山姆·亚当斯转变为他的表兄约翰·亚当斯；或者认为它是从波士顿搬到费城，要成为大多数，需要专门的设计。

不论你是否相信，并不是每个人都想成为大多数，一些人更喜欢成为“残存者”：一个在压倒一切的反对面前决不妥协，勇敢坚持真理的抵抗者。尤其是知识分子喜欢残存者的地位，这就是为什么你会在大学校园里感觉如此古怪的原因。那些成为小而正确的少数派会产生发自内心的满足感，他们是保持真知的唯一保守者。但是“残存者”很少能为大规模的政治变革负责，既然茶党反抗的出发点是要阻止我们国家的衰落，那么成为一个政治“残存者”根本不可能成功。

从少数派转变为多数派，将抗议运动转变为社会运动需要四步：

1. 发起反抗。
2. 宣布多数主义价值观。
3. 占领道德高地。
4. 在议程下将国家团结在一起。

这样，茶党的反抗以及它所激励的保守派基层都有一些选择：它是想留在第一步，满足于19%（甚至还在下降）的支持率，成为永久的政治“残存者”——能点燃丛林之火，但火势太弱，不足以引起国家真正长久的变化呢，还是想以多数派的姿态行动，建立可以永远改变我们国家的普遍社会运动呢？茶党的活动家们是只想做财政上保守正统的守护者，抱着共和党当权派的大腿点火呢，还是想让茶党变得更强大——变成一支美国政坛上起转换作用的多数主义力量，不只是反抗美国衰落，还要让衰落变为上升呢？

事实证明，如果我们要扭转美国衰落的局面，不仅需要反抗，还需要保守派的大多数支持。这就要求茶党爱国者要开始考虑像多数主义社会运动这样的事情。

好消息是茶党已经走出了第一步，现在它必须采取其他步骤了。要了解它是如何行动的就让我们来看看，成功过渡到社会运动的其他反抗的例子，看看我们可以从其经验中学到什么。

我有一个梦想

过去半个世纪最典型的社会运动是民权运动。

民权运动始于20世纪50年代，是一场反对种族主义的反抗运动。美国打了一场结束美国奴隶制的内战，但在一个世纪之后，奴隶制被体制性种族主义所代替，种族主义在美国大部分地区，包括北方都是根深蒂固的、根本没有争议的。黑人法律和种族隔离使非裔美国人很难找到工作、获得教育和创业的机会，很难建立更好的生活、充分融入美国社会。

民权运动开始于一系列勇敢、叛逆的行为。1955年，罗莎·帕克斯拒绝把座位让给一个白人，掀起了亚拉巴马州蒙哥马利的抵制公交车运动；1960 年，黑人学生在北卡罗来纳州格林斯博罗伍尔沃斯一个隔离的午餐柜台开始了静坐，继而在南方各地引发了类似的静坐；1961 年，自由车手开始乘坐州际巴士，以混合种族群体的方式反对强制隔离休息的地方法律。他们遇到了三 K 党成员并遭受其殴打，而此起彼伏的反抗行为赢得了全体国民的关注并推动了民权运动。

如果民权运动只停留在反抗的初始阶段，那么它很可能会自毁其身，或者成为像黑豹党和伊斯兰国家一样的“残存者”。恰恰与之相反，民权运动的领导者做了意义深远的事情。没有继续反抗不公正的大多数，他们大胆地声称自己是拥有多数主义价值观的人。

马丁·路德·金博士喜欢引用美国开国元勋们的语言，质疑美国人为什么辜负了在其之上建立这个伟大国家的理想。难道我们不相信人生来平等吗？难道我们不认为这些理想神圣吗？如果我们相信并这样认为，那么这就是大多数人的观点。为什么我们要辜负它呢？

金博士利用他在聚光灯下的时刻——1963 年 8 月 28 日在林肯纪念堂前发表演说——不是宣布无休止的种族主义战争，而是谈论美国价值观。[7]

就某种意义而言，今天我们是为了要求兑现诺言而汇集到美国的首都来的。美国的缔造者在草拟宪法和《独立宣言》的气壮山河的词句时，曾向每一个美国人许下了诺言，他们承诺所有人 —— 不论白人还是黑人 —— 都享有不可让渡的生存权、自由权和追求幸福权。就有色公民而论，美国显然没有实践它的诺言。美国没有履行这项神圣的义务，只是给黑人开了一张空头支票，支票上盖上“资金不足”的戳子后便退了回来。但是，我们不相信正义的银行已经破产；我们也不相信，在这个国家巨大的机会之库里已没有足够的储备……

现在是实现民主的诺言的时候，现在是从种族隔离的荒凉阴暗的深谷攀登种族平等的光明大道的时候，现在是向上帝所有的儿女开放机会之门的时候……虽然我们遭受了种种困难和挫折，但是我仍然有一个梦想，而且这个梦想深深扎根于美国的梦想之中。我梦想有一天，这个国家会站立起来，真正实现其信条的真谛："我们认为真理是不言而喻的，人人生而平等。"

说完这些话，民权运动就从对种族主义机构的反抗转变成声称代表多数主义的价值观了。民权领导者认为这些机构削弱了绝大多数国民相信的美国愿景，他们不再简单地说种族主义对黑人不平等，他们坚持认为，种族主义与多数主义的美国基础价值观不一致。

多数主义状态的关键因素从广义上讲是为人民而战，而不是针对特定罪恶的狭义战斗。民权运动从反对种族主义的战斗转向为少数群体而战。它争取投票权，争取黑人孩子进入好学校得到良好教育的权利，这些关注把众多的盟友吸引到了斗争的最前线。1964 年在"自由夏天"，北方的白人学生来到南方，帮助非裔美国人注册投票，并成立了"自由学校"。学校会教授南方公立学校拒绝教授的科目，如黑人历史和宪法权利。

所有这一切都有一个非常重要的转折点。当金博士宣称民权运动代表绝大多数人的价值观时，他还没有真正得到大多数人的支持。当 1963 年 8 月华盛顿游行进行得如火如荼的时候，民意测验显示只有 23% 的美国人支持游行，而 42% 的美国人则表示不支持。甚至在金博士于林肯纪念堂发表著名演说一年后，也只有 44% 的美国人支持他。[8] 但是金博士继续为大多数人代言，他知道随着时间的流逝，大多数人会支持他的。如果你等所有的人都赞同时才开始为大多数人代言，那么你永远也不能开始。

民权运动的领导者在建立持久社会运动的过程中，不约而同地采取进一步的措施，那就是占领道德制高点。它所声称的价值观不是简简单单的多数主义，它们具有超前的正确性。问题不只是偏执违背我们的基本原则，它是邪恶的，现在、任何时候也都是邪恶的。这种广泛的道德主张是对自然法的控诉。民权领袖们宣称：我们的运动在道德上是正确的，那些反对我们的人在道德上是错误的。

终于，民权运动开始团结全国最广大民众。随着运动民意支持率的稳步增长，国会以压倒多数的选票通过了一系列法律——包括1964年《民权法案》（参议院289–126，众议院73–27），1965年《投票权法案》（参议院79–18，众议院328–74），以及1968年《公平住房法》（参议院71–20，众议院250–172）——结束了对非裔美国人的法律歧视。这些法律的通过会使美国变得更美好，因为作为一个国家，我们不能辜负我们建国的原则以及《独立宣言》。

1969年，足有1/4的美国人表示，他们不愿意把票投给一个非洲裔总统。到1999年数量已经缩减到4%。[9] 2009年，第一位非洲裔总统在美国国会山的台阶上宣誓就职。无论你是否喜欢奥巴马，我们都在这个问题上达成了一致。

种族主义并没有消失，但是随着时间的推移，民权运动改变了美国。我们已经从一个民权的支持者只是反对权力机关的少数人的国家，转变成一个民权的反对者占少数并处于政治边缘的国家。如今民权支持者占大多数，对民权的支持是不可避免且完全没有争议的。

清醒过来

民权运动是一个意义深远的例子，阐释了反抗运动如何成为推动社会变革的方式，而其他的某项运动则不必像民权运动一样具有世界历史性。例如，其缩写为 MADD 的广为人知的“母亲反对酒驾运动”。[10]

20 世纪 70 年代，当我还是个孩子的时候，酒驾被认为没什么大不了，你不会因此被抓。最糟糕的情况是你爸爸的车被撞坏了，或者邻居家的邮箱被撞倒了。酒驾不会让你受人鄙视，它只是你离开聚会回家的一种方式而已。

之后，1980 年 5 月 3 日，一切开始发生变化。坎迪斯·莱特纳 13 岁的女儿卡里在步行去加利福尼亚州费尔奥克斯参加嘉年华的路上不幸遭遇车祸丧命，司机肇事后逃逸。[11] 当警察给坎迪斯打电话告诉她他们抓住逃逸司机时，甚至没有提到他是醉酒驾车，因为这在当时不值一提。坎迪斯只是在开车路过女儿被害的现场，并停下来与一些官员交谈后才知道了真相：司机刚刚从另一起酒驾逃逸案中保释出狱，这是他四年来第五次肇事了。

坎迪斯无比愤怒，开始着手研究这个问题。她发现在这些致命车祸中，近 60% 是因为酒驾造成的。成千上万的孩子在酒驾司机的手中死去，她想，必须要做些什么了。于是，她和朋友苏·勒布－格林一起发起了“母亲反对酒驾运动”。卡里正在装修的卧室成为该组织的第一间办公室。[12]

MADD 是从一场反对纵容致命危险活动的社会态度开始的，它本可以就此结束。毕竟，许多其他类似的家长反抗运动就是这样的。

你还记得20世纪80年代那场遏制音乐中色情、暴力歌词的运动吗？可能不记得了。该运动是由阿尔·戈尔当时的妻子蒂帕·戈尔牵头发起的。她建立的集团父母音乐资源中心（PMRC）曾得到过一段时间的关注，但引起一些音乐界人士的抵制。我儿时最喜欢的摇滚明星弗兰克·泽帕公开表示反对为音乐贴标签，并称之为非美式的审查制度。众多艺术家纷纷发布单曲或专辑嘲弄戈尔和她的标签运动。PMRC运动最终以失败告终，几乎没有任何后续影响力——因为任何一位父母都可以告诉你，在与孩子们一起驾车时，是谁在快速地变换频道。

然而，MADD并没有不了了之，反而成为一场永久改变美国的群众性社会运动。那么MADD有什么不同呢？

在最初的反抗之后，MADD有意提到多数人的价值观。在美国，每个家长都希望保护自己的孩子以远离危险。保证孩子的安全是多数人的价值观。“母亲反对酒驾运动”向这个国家提出了挑战，她们说：“如果我们不认真对待这个问题，我们就不能保证孩子们的安全。这与我们所有人都认为孩子安全是首要问题的想法对立。”

像真正的多数派，MADD从反对酒驾转变成为孩子而战，其言论和建议，全部集中在保护无辜的受害者上。想想它是如何引出全国最低饮酒年龄法案的吧，这项法案提出如果未能将饮酒年龄提高到21周岁，将减少联邦高速路费的国家市场份额。里根总统听了有违他支持国家权利的反对意见。但随后他问：“嗯，等一下，难道这不是有助于挽救孩子们的生命吗？”他的交通部长告诉他，的确如此。“好，那我支持它”，里根说。[13] MADD通过为孩子而战的方式赢得了总统的支持，1984年7月17日的玫瑰园庆典上，里根总统签署法案使之成为法律，坎迪斯·莱特纳将一枚印着“MADD”的纽扣钉在西服翻领上。

MADD 远没有结束。随后的几年里，在其影响下许多州都加大了对酒后驾车的处罚。它还迫使州立法机关通过法律降低法律意义上血液酒精限度——所有这些都是站在孩子的立场上，因为大多数美国人都想这样做；它成功地游说全国各地颁布和执行安全带法；它促使全国各社区设立公众清醒检查站。

MADD 成功地占据了道德制高点。酒驾让孩子们丧命，因此，酒驾不仅仅是不幸，它在道德上就是错误的。今天我们认为这一观点是理所当然的，但是 MADD 曾改变了美国人对酒驾的看法：同一个国家，曾经认为酒驾司机只是有些愚蠢，如今认为他们做了坏事，并认为那些屡教不改的人是不道德的，我们希望把他们关起来。

终于，MADD 将全国团结在这场运动中。到 1994 年，MADD 成为美国最受欢迎的慈善机构。[14] 名人和政治家争先恐后地要与这样一个崇高的事业产生联系。想看在酒驾问题上人们有多齐心？那就把 20 名意见从未达成一致的人拉进一个房间，问他们中有多少人认为对酒后驾车的惩罚是过于宽松的？

思考一下这条非凡的轨迹：首先，MADD 反对对酒后驾车视而不见的文化；其次，它认定肇事者是践踏了沉默多数派的价值观的少数派；再次，通过坚持酒后驾车不是愚蠢，而是不道德的观点，占据了道德制高点，将其从一场反对恶棍的运动转变为保卫孩子们的运动；最后，通过一系列惩罚、阻止醉酒驾车的措施，MADD 将全国团结在新的多数主义观点周围，将即时的力量转变为持久的文化变革。

这就是如何将一场反抗运动转变为社会运动的方式。

茶党的下一步

茶党需要复制这个过程，现在我们手中持有蓝图。茶党需要遵循与民权运动、MADD 和许多其他大大小小社会运动相同的步骤，从慷慨激昂的抗议开始。

第一步，它已经完成了掀起广为人知的反抗运动。茶党深入了解了数百万普通民众的挫折，激励许多人参与政治，重温了美国宪法，并组织了示威游行。它获得了 1/5 美国民众对这场抗议行动上的支持或同情，恢复了国会对财政纪律的关注，结束了特殊利益专项拨款的做法，并伤及共和党的成立根本。现在茶党要努力争取可说服的多数派，也就是民意调查中显示愿意接受其信息的人。这就是为什么阶段二要表明其多数主义价值观的原因。如今，每个人都知道茶党反对的内容——“大政府”、税收、监管、支出、赤字、债务和奥巴马医改。但是，只有少数运动才用反对的内容来定义自己，多数运动是用自己支持的价值观和民众来定义自己的。茶党支持什么？它的道德目标是什么？它的执政议程是什么？

第二步，茶党本身必须致力于其原则的积极成果。自由企业的力量将帮助美国人通过创造高收入的就业机会，恢复向上流动，并创造新的机遇文化来摆脱贫困和依赖的束缚。工作、流动、机遇是多数主义价值观，是鼓舞保守的心的价值观。茶党可以向全美国人展示其保守的心。

美国人需要把茶党当作为美国而战的新权利先锋。基层组织应该把自己当作代表那些在奥巴马时期的经济中被远远甩在后面的民众的英雄——无论他们是否支持茶党的领导人。保守主义社会运动不能忽略那些无法找到工作，而不得不寻求政府帮助的人。相反，他们恰恰是需要我们帮助的人。受到谴责的不应该是普通民众，而是那些破坏独立机会的灾难性经济政策的设计者。茶党要为这个国家的所有人而战。

第三步，通过表明其道德的正确性来占据这场斗争的道德制高点。这么多的美国人被边缘化，被甩在后面不是经济错误，而是道德失败。正如我们已经讨论过的那样，解释这一点的两个道德规则是公平和同情。既不是公平，也不是同情让我们满足于一场只能累积成最高收入者的经济复苏；既不是公平，也不是同情通过无限向上延伸进入中产阶级的方式，威胁核心安全网的偿付能力；既不是公平，也不是同情用毁灭性的债务来压倒下一代。公平和同情是应该同时出现在每一次演讲和文章中的词。

第四步，茶党需要将全国团结在一个向往更美好美国的愿景中。这需要想象力。茶党需要刻画出 10 年后美国看起来像什么的乐观愿景。我们可以想象到一个上升中的美国，其中每个人都可以赢得成功，政府赋予那些寻求奋斗的人权利，而不是抑制他们。

想象一下这样的美国：高中毕业，没有继续上大学的孩子不会面对失业和社会救济的困境，相反，他有选择工作的机会，可以将自己的技能与才华结合起来——不管他是否能发财，他都能在辛勤工作和个人责任的基础上取得成功；想象一下这样的美国：挣扎在贫困线上的人们，通过工作摆脱贫困的前景比现在更好；想象一下这样的美国：安全网是可靠、安全、极少被使用的，只有那些真正贫困，符合适当工作要求的人才能使用。

想象一下这样的美国，它是世界希望的灯塔，是世界各地每一个移民都希望来到的地方；想象一下这样的美国，无论是通过我们的榜样、贸易、外交力量，还是必要时的军事强权，它能够真正支撑世界。当茶党将美国团结在这种合乎正道的多数主义愿景之下，并努力使之成为每个人的现实时，这就不再是一场保守主义反抗运动，而将成为新的道德多数派。

为人民而战

在这一点上，一些保守主义读者可能会感到怀疑，我是不是在说我们应该放弃反对奥巴马医改，过度消费和举债?

不是。我只是让你们记住为什么茶党保守派反对奥巴马医改。因为奥巴马医改伤害了人民，所以我们不喜欢健康法。它已经导致了数以百万人失去他们的医生和健康计划。通过改变雇主的奖励，它使有价值的工作时间远离那些本已失业的民众，并提高了无力支付更多的民众的保险费和免赔额。

这并不是说美国不需要医疗改革——谁都知道我们需要，而且保守派相信应寻求方式扩大准入渠道，将那些没有医保的人包含进来。但奥巴马医改是错误的方式，我们有更好的解决方案——从健康储蓄账户转变为联合健康计划，让小企业联合起来享受与大公司同种的折扣。所以，我们需要废除奥巴马医改，但美国人也需要看到我们倡导这些将改善人们生活的保守主义改革。

消费和举债也一样。我们反对增加国家债务，不是因为普通美国人关心负面财政平衡，而是因为这种不负责任伤害到了真正的人民。

正如我们在上一章中所了解到的，我们只需要关注一下欧洲就可以了。这是一个不可持续的债务如何导致破产，以及破产如何产生紧缩性削减给弱势群体以重创的很好的例子。任何认为应该为真正的穷人设立社会安全网的人，都必然要求我们通过周到的方式遏制消费、避免紧缩政策，而我们可以很容易地做到这一点。如果你关爱穷人，你必须是一个财政保守主义者，除此别无他法。

这个道理同样适用于教育，我们为什么想要改革教育？不是因为我们恨教师工会，而是因为我们关爱孩子，因为官僚和工会的弊端正在侵吞所有公立学校的资金并且抵制问责制和创新，这会伤害到孩子，特别是贫困的孩子。我们相信择校，因为它会激发创新，让贫困家庭逃脱失败的学校；我们相信集体交涉改革，因为它可以将学区从集体交涉规则中释放出来，让他们节省开支，增加更多的教师，并在择优而不是在资历的基础上雇用和解雇老师。这是把儿童的利益置于员工的利益之前的应有举措。

从反抗运动过渡到社会运动，并不意味着我们不再反对坏事，而是意味着我们不再把我们反对的事务作为重点，而以我们为之奋斗的人民作为重点。

这正是我们的开国元勋们所理解的内容。当塞缪尔·亚当斯和其他开国元勋们将反抗运动转变为社会运动时，他们有一肚子的苦水需要倾吐。《独立宣言》的大部分——65% 左右——实际上是反对国王乔治三世的剥夺公权法案，详述了他“屡屡伤害和掠夺这些殖民地的历史，直斥了在各州建立的独裁暴政”。

但剥夺公权法案不是开国元勋们写宣言时重点突出的部分，他们突出了对“自然与自然之神律法”的呼吁。他们开启了一个大胆的、普遍的道德主张，“我们认为下述真理是不言而喻的：人人生而平等，造物主赋予他们若干不可让与的权利，其中包括生存权、自由权和追求幸福的权利。为了保障这些权利，人们才在他们中间建立政府，而政府的正当权利，则是经被统治者同意授予的”。谈论的是为人民而战！

《独立宣言》的前两段，表达了一个多数人价值观的主张。“人人生而平等”是一种多数主义表述方式。我们的建国者们宣布独立是不可避免的，他们是多数派，每一个活着的人都会像他们这样想。

他们占据了道德制高点。他们没有宣布自己权力的独立，而是在君主这一边插上了一根刺。他们这样做是因为这是“自然之神”道德律法的要求；他们这样做是因为我们的“造物主”赋予了所有人不可剥夺的权利，这是非常令人尊敬的主张。当人们相信神本身想要殖民地脱离乔治国王的统治时，乔治国王就面临着一个大问题。

在他们的论述中，根本没有提到对经济效率的呼吁。1776 年 5 月，也就是他们在费城会见的几个星期前，乔治·梅森起草了《弗吉尼亚人权宣言》。其中，他宣称所有人都是生来就“享有享受生活与自由的权利、获取与拥有财产、追求和享有幸福与安全的手段”。托马斯·杰斐逊故意将“财产”和“安全”置于“追求幸福”之中，他知道用实利主义的论述是无法占据道德制高点的。追求财产是经济主张；追求幸福是道德表述，而且幸福是个人的事情，是每个人可以自己定义的概念。总之，这是我们每个人应该自由决定自己目的的承诺。

顺便说一句，就像马丁·路德·金博士一样，宪法的制定者们在使用了多数主义表象时，是否代表了真正的大多数，目前还不清楚。根据历史学家罗伯特·卡尔霍恩（Robert Calhoon）所说，“爱国者从大约 40% 至 45% 的白人民众中获得积极的支持，最多不会超过半数”。另有 15% 至 20% 是反对独立者，其余的都“试图避免卷入斗争——

他们中的一些是刻意的和平主义者，其他的是新来的移民，更多的是简单的非政治性人士”。[15]

毕竟我们听着、读着这些故事长大，很难想象美国人不知道或不关心革命，但这种情况是有可能发生的。就像所发生的那样，我曾曾祖父，约翰·布鲁克斯，1776 年 7 月 4 日在波士顿与他的妻子阿比盖尔·理查森结婚。没有证据表明他们知道或关心这一天在费城发生了什么。

只有在杰斐逊要求承认多数人的价值观并提出独立的道德主张——接着，只有接着——他的宣言才最终告诉大家“是什么样”的革命。这是对乔治三世的控诉清单。剥夺公权法案在那个时代很重要，但在今天意义不大。卓越的、永久的不是美国革命的“什么”而是“为什么”。我们的孩子应该记住的是关于不可剥夺权利的宣言。这才是持久的东西，这才是将一个抗税运动转变为社会运动——美利坚合众国式社会运动的内涵。

如果几十年后人们不记得茶党对奥巴马总统的不满，这实际上是我们成功的一个信号。如果茶党成功了，那是因为运动的“为什么”——我们为谁而战，而不是我们反对什么或者谁——经受住了时间的考验。

波士顿茶党在 1773 年 12 月 16 日建立，《独立宣言》于 1776 年 7 月 4 日签署。还有一个我们为什么庆祝“76 精神”而不是“73 精神”的理由。可以肯定的是，如果没有那一天在波士顿港开始的抗税运动，美国革命不可能发生。所以我们每一年都休息一天，来庆祝三年后在独立厅开始的社会运动。这是改变了我们国家和世界的运动，这是应该作为今天保守主义运动模板的运动。

但是，如果我们要把茶党起义转变成永远改变美国的多数派社会运动，就需要学会用不同的方式说话。我们需要找到打开多数人心灵和思想的方法，需要采用同情、公平性的语言，向美国人展示保守派是拥有道德使命的快乐勇士——为最需要我们的人民而战，不管他们是否投票给我们。

如何做到这一点，是下一章的主题。

第七章

高效保守主义者的七个习惯：如何说，美国人才会听

现在是时候重温促使本书产生的残酷事实了：保守党有本事支撑穷人和弱势群体，但在争取人心方面却被普遍认为很糟糕。

我们是一群负责财务的人、严肃的权威人士，人们相信我们可以驶好经济紧缩的船，但这并不是国家最想要的。选民希望他们的领导人关心像他们一样的人。他们希望领导人能感受到他们的痛苦并切实有效地作出回应，但这样的领导人并不是我们。

有些人认为，负责任的选民应该少一点情感、多一些逻辑思维。我自己有时候也希望他们能这样。但事实是，在内心深处，我们都知道，我们不会选不关心我们的人，更不会选不喜欢我们的人。

在过去的5年里，我问过数百名保守主义者一个简单的问题：关

于奥巴马总统，最烦扰你的事情是什么？在他们的答案中我注意到一个趋势。保守主义者通常会通过投诉一些具体政策——他们反对奥巴马的医改或外交政策——来开始他们的回答，但这些回应从来都不全面。当然，保守派在政策立场上与奥巴马总统不一致。但是，这种情况几乎出现在每一个进步的政治家身上，他们中许多人从保守派那儿获得了比奥巴马总统更多出于勉强的尊重——比如比尔·克林顿。

很显然，这些实质性的分歧只是表面文章。每个人都可以感觉到后面有更深层次的潜在问题。一些专家试图通过利用潜在的种族主义污蔑半壁江山，这是没有根据的，因为研究显示对于保守主义者而言，对黑人和白人候选人的支持是一样的。[1]

关于总统，这里有一些非常疯狂的保守主义言论：他做起事来好像全然蔑视我们，藐视我们珍视的价值观。

还记得奥巴马总统在 2012 年是怎么向民主党捐款人描述保守主义价值观的吗？“如果你生病了，要靠你自己；如果你上不起大学，要靠你自己；如果你不喜欢有些公司正在污染你或者孩子呼吸的空气，那么你也要靠你自己。”这不是有意义的政策讨论或让人尊重的政治分歧。世界上最有权势的人告诉听众，如果你是一个保守主义者，那么你就是一个自私的人。[2]

或者你还记得，早在 2008 年，时任候选人的奥巴马所提出的为什么一些工薪阶层选民会倾向于共和党人的理论吗？“他们变得尖刻了，”他解释说，而且“他们坚持把枪支或宗教或反感那些不像他们的人或反移民情绪或反贸易情绪作为解释他们挫折的方式。”[3] 如果你是一个彻底的保守主义者，那么未来的总统在暗示你是一个偏执狂、一个乡巴佬。

奥巴马总统说了一件又一件诋毁我们和我们坚守的价值观的事

情，我们知道这些诽谤是不真实的，但又无法去辩驳，因为他是美国总统。

这感觉很糟糕，不是吗？

现在换位思考。让我们设身处地地为那些基本上不关心政治，自从经济大萧条以来为谋生而努力，真正艰难度日的人们想一想。有成千上百万美国人符合这一描述。很多时候，他们都会听到共和党政客认为福利是懒惰、不愿工作的根源的言论。当他们听到这个，他们是可能说保守派会真正关心像他们这样的人呢，还是更有可能在保守派中感受到奥巴马总统对我们所持有的那种不加以掩饰的蔑视？

答案无须猜想，因为我们有证据：普通美国人相信保守派不关心他们，更不用说那些更贫穷或更弱势的群体了。保守党被认为总是将道德价值与财富挂钩。无数的调查勾勒出了这一事实。2013 年的一次调查发现，美国人说共和党不值得同情的可能性是说它值得同情的可能性的 5 倍。[4]

这是个坏消息，而且变得更糟。在看起来像斯德哥尔摩综合征政治版的症状中，甚至大多数保守派都说他们接受对自己的负面评价。来自加州大学洛杉矶分校的惊人研究表明，保守主义者的无情基本上是“不准确的印象”：实践中，保守派在帮助那些自己没有过错、只是运气不好的人时与自由主义者同样慷慨。然而，研究发现大多数保守派市民对此也并不买账！[5] 自由派和保守派都认为保守派并没有实际上那么大方。

我可以解释这种混乱。早在我教学时期，我专门研究过慈善捐赠经济学。当我意识到几乎所有的研究都没有比较保守派和自由派的慈善捐赠时，我非常兴奋，亲自承担了这项任务。虽然我是一个保守派，但是我的预期是自由派捐的肯定会比保守派多。但正如我已经为您展示的那样，数据与预想的并不相同，尽管保守派的平均收入更少，但慈善捐赠比自由派多。

大多数美国人，包括大多数保守派，都认为“保守的心”是一个矛盾，这些数据使其变得更具讽刺意味。几乎每个人，无论他们如何投票，都在为这种右翼残酷的妄想漫画买单。忘记保守主义政策解决方案的优点，无论他们是针对工作的消失或脱贫战争的失败。美国人不相信我们能够应对这些挑战，因为他们认为我们根本就不是有爱心的人。

为什么会有这么多人拥有这种错误的印象？

许多保守派会抱怨我们没有得到主流媒体的公平待遇。这是千真万确的。但我认为与过去相比，媒体的垄断可以说是不算一个问题了。由于谈话类节目、有线电视新闻和互联网的出现，保守主义媒体激增。那么，为什么我们的公众形象没有得到相应的提升呢？

其他人会说，这个问题在于自由派政客。他们总是通过向苦苦挣扎的美国人传播歪曲我们的消息赢得加分。确实，正如我们刚才看到的，奥巴马总统似乎不会错过任何机会攻击他的政敌，并以最苛刻的方式刻画普通保守派。这就是糟糕的领导力？当然。但这是一个新的或特殊的做法吗？根本不搭界。这叫基本强权政治，侮辱本身已经不是问题。如果选民相信“保守的心”，他或她就不会认真对待。如果土壤不肥沃，怨恨的种子就不会生根发芽。

忘记那些借口吧。当绝大多数美国人都认为保守派人士不值得同情时，就到了我们该反省的时候了。问题的关键不是别人怎么看待我们，而是我们如何看待我们自己。保守派一直在努力以与美国人相联系的方式谈论我们的价值观。因为我们没有获得信誉，我们应对这个时代伟大道德和现实挑战的解决方案未被采纳。

很荣幸，我在 AEI 的工作之一就是与政治家、决策者和候选人讨论如何更有效地沟通我们的想法。正如我前面所述，我们会定期为国会议员举办辩论培训和信息研讨会，讨论保守派或任何人应该如何敞开心扉让美国人听我们说，相信我们可以解决国家面临的深层次问题。在本章中，我将与您分享我为国会议员上的 7 节课。

1. 成为道德家

我 AEI 的同事约拿・戈德堡（Jonah Goldberg）最近写了一本名为《陈词滥调的暴政》的书，其中一个陈词滥调就是保守派是刻板的爱品认论是的空想家，而进步论者则被赞为寻求切实可行的解决方案、以数据为指导的灵活的实用主义者。

年复一年，这个令人厌烦的陈词滥调产生了一个同样令人厌烦的建议：如果保守派想再次获胜，他们需要忘记说教，用事实和数据说话。

这个建议本身是一个误解，保守党不太注重道德或者说他们没有足够注重道德！一方面，当涉及影响大多数美国家庭餐桌的政策问题时，进步论者总会就相应的公平和社会正义做出大胆宣言，这几乎是毫无疑问的；另一方面，保守派则给人一种只关注钱、靠不住的无情物质主义者的印象，他们会讨论人类经验，而正确的话题应该是 GDP 的增长、税率和消费水平。

于是出现了我们这个时代最大的政治讽刺之一：认为金钱和财富的再分配能解决纠结的社会问题的推断是金钱至上的，将人的尊严与一个人在收入表中的位置混为一谈，如果别人赚得比他们多一点就断言自己受压迫。但是，当进步论者向美国人民展示自己的看法时，往往会用丰富的道德语言来包装本质上金钱至上的前提，而选民却会予以回报。

相反，在内心深处，保守派往往是注重道德的。最理想状态的保守主义是关于作为人类意味着什么的一系列勇敢或者可以说是颠覆性的道德断言。我们断言，每个人，不管他们的情况如何，都有很多的原始才能。这是一个革命性的姿态！我们断言，提供工作渠道并让人们符合高尚的道德标准不是恩赐的行为，而是表达兄弟之爱的行为。我们主张正义的深层原则对我们的要求远远超过单纯对财富的再分配。

然而，当我们向美国人民提出我们的主张时，通常会将这些崇高的概念包裹在物质主义的丑恶外表之下。比如当我们鼓励创业时，我们通常会把无数赞扬送给那些从赤贫到暴富，现在成为跨国公司高管的人。我们很少会解释说，因为创业精神抓住了我们每个人生活中的美国精神，所以它是无价的。我们是困在物质主义词汇中的道德家。我们在争论开始的瞬间就失去了我们最好的阵地。

看似无休止的关于最低工资标准的争论就是一个实实在在的例子。提高最低工资标准是实现有价值的目标（即提高美国工人的收入）的一个令人惊讶的恶劣手段。运用法律的力量人为地提高雇用弱势人群的费用摧毁了最急需工作的人的就业机会，与实际能达到同样期望目标的更有效政策相比，最低工资的上涨伤害了它们本意想帮助的有工作的穷人。

但是，这并不是这种说法在华盛顿呈现出来的准确方式。

进步论者会用道德术语来说，“噢，只是多了一点点钱而已。你为什么不关爱穷人呢？你认为拥有沃尔玛的亿万富翁每小时不会支付更多的美元吗？”

保守派的回应几乎总是采取经济学讲座的形式。“沃尔玛是否能再付 3 美元不是重点，重点是提高最低工资标准增加了劳动力成本。如果提高劳动力成本，企业将使用更少的劳动力，企业只有在增加边际工人能够产生净收入的情况下才会创造就业机会，所以如果你提高最低工资标准，你就将廉价的劳动力踢出了市场。仅此而已！”

两个人中一个人听起来像是把工人的切身利益放在心上，另一个则像温和的反社会经济学家。与倡导提高最低工资的进步论者相比，保守派听起来像变成了亿万富翁的税务师。这并不是说保守派分析的经济情况是错误的。事实并非如此。但它不能是我们的方法库里主要的甚至是唯一的工具。当它成为唯一的工具时，我们的豪言壮语似乎就证明了认为保守派不顾民心提高经济的指控。

美国人不是物质主义者。他们大多数发现了物质主义的弊端和丑陋，就像他们应有的那样。当这种弊端和丑陋在他们的生活中出现时，他们会感到不安，并在公共生活中抵制它。所以，当保守派用物质主义语言提出美国需要的政策时，我们实际上正把我们的想法装在一个毫无吸引力的盒子里，以至于人们根本不想看看里面装的是什么。他们本能地将道德置于物质主义言辞之上，结果常常投票支持渐进式政治家。但是，我一直认为，他们随后实行的许多政策却都是以物质主义为核心的，这使得人们不满，并相信双方都是糟糕的。

理论上有两种方法可以使政治家们摆脱危险："左派"可以变得不那么物质化或"右派"可能听起来不那么物质化。在我看来，美国人理应得到这两种发展。政治应该成为争取道德高地的良性的持续竞争。但由于这本书的目的是为了庆祝和完善保守主义，让我们关注第二个任务。

偏"右派"的领导者并不总是喜欢像经济学教授一样谈论问题，

这种趋势很大程度上是作为20世纪70年代的保守主义经济学革命的副产品开始的。就像听上去那么疯狂，罗纳德·里根之前，你可能是美国一个高级别政治家，却不理解供求的基本规律。这就是为什么在前共和党总统理查德·尼克松执政期间会缩减工资、实行价格管制以及由此引发短缺爆发的原因。

如果你生活在20世纪70年代，你会记住这场噩梦。欧佩克（OPEC）对美国实行石油禁运，美国自行的价格控制意味着每个人都不得不排队等着加油。我仍记得1973年我坐在爸爸的普利茅斯·勇士的后座上，陷入加油站无休无止的等待中。就是这个共和党总统扭曲了市场，浪费了美国人数以百万小时计的时间，并让我第一次听到我可怜的、亲切的爸爸冒出一句粗话（作为一个孩子，那最后的冒犯似乎是弹劾尼克松的充分理由）。

但是，就在尼克松忙着命令“在美国各地冻结所有价格和工资”的时候，保守派知识分子却正在努力工作寻找一个完全不同的方法。像美国企业研究所和《华尔街日报》的社论版这样的机构就提出了供给经济学，它是基于人们对激励的反应这样一个简单前提的新思想学派。如果你想让激励更吸引人，像工作或储蓄，人们就会做更多。而如果你通过用高税率惩罚的方式让它不那么有吸引力，人们就会相对少做一些。

1974年9月，一个名为阿瑟·拉弗（Arthur Laffer）的未来经济学家在华盛顿酒店与杰拉尔德·福特总统的首席幕僚及副手一起喝酒，你可能听说过这些人：他们的名字叫唐拉姆斯菲尔德（Don Rumsfeld）和迪克·切尼（Dick Cheney）。拉弗向他们解释了为什么福特征收5%附加税的计划是个坏主意。他抓起一张布餐巾，掏出笔，勾勒出了后来被称为“拉弗曲线”的线图，这个线图表明当税收超过一定点时加息将降低收入，因为人们虽然工作，却赚得少。[6]

这种洞察力导致了20世纪80年代的里根革命，产生了当时历史上最长和平时期的经济扩张。但是，也引发了关于提高美国经济素养的政治权利改革运动。人们开始思考，如果我们可以用餐巾纸的涂鸦来解释税收优惠，那么我们可以把经济解释给每一个人听！就像圣诞假期的大学二年级之家，共和党成为认真的讲解员，急切地向周围的人解释他们学到了什么。为了立于不败之地，似乎保守派所要做的所有的事情就是不断重复一个观点：降低边际税率可以增加工作动力和刺激经济增长！

这很快就变成目光短浅之事了。共和党政客开始把经济增长本身作为目标固定下来。他们的言论显得增长好像是最重要的事，无视了实际上我们把增长的更深层次原因放在第一位的事实，这个原因就是经济增长会给更多的人更好的机会来建立自己的生活。随着时间的推移，里根革命中这些满怀希望、乐观的士兵们开始不太关注里根所为之奋斗的积极事情，而是把更多的关注放在他反对的事情上，比如高税收、高消费、法规和债务。结果怎么样呢？保守党的胜利停止了。税收上涨、消费更高、法规增长、债务暴涨，与此同时，共和党人也为自己创造了“无情吝啬鬼的聚会”的称号。

是时候扭转这一错误了。让我们回到关于最低工资标准的争论，不要浪费精力来解释通货膨胀周期、消费模式和供求规律。跟随你的心，做一个原则声明。

“我相信在美国，如果你努力工作、遵守规则，我们的社会就可以确保你能养活自己和家庭。”现在人们正在倾听你的声明。

接下来，又提出一个问题。“那么，什么是处于经济阶梯底层的人们通过工作而受益的最佳方式呢？”

有一种说法，最低工资标准的提高实际上阻止了让工作成为最佳方式。“提高最低工资会给一些人加薪，但许多最弱势的人们将失去他们的工作！我们需要为这些人而战。”[7]

最后，提供一种更好的选择。例如，“我有一种让工作付酬更好的办法，不是提高最低工资标准，而是应该扩大收入所得税抵免。这既可以弥补穷人的工资，也不会破坏他们的工作。可怜的美国人需要它，也应该得到它。”

这种选择比轻率地说“让我们给美国人加薪！”这种蛊惑人心的话要难一点，但是，如果你掌握了它，你所取得的成就是无法想象的。这个小小的独白结合了几种我将要描述的战术，但是这一切都是从你发布道德目标声明开始，从这儿开始，你的观众不再认为你是无情的。他们会相信你真正关心他们，并且他们愿意继续听你说下去。

即使我们从未踏上辩论舞台，用道德目标声明开始我们的话题都是我们所有人一个有益的习惯，下一次你要与你的配偶进行一场争论，不要直奔主题，用有道德目标的声明开始你的陈述：“亲爱的，首先我要你记住我是多么爱你。我知道你想要做一些对我们的家庭最有利的事情。”

一瞬间，这就将成为一场完全不同的对话。好吧，你的配偶也可能会认为你需要去看心理医生。但你会有自己的想法。

不管话题是什么，一定不要直奔主题，先从原因讲起。如果你跟随你的心意，你就有机会赢得周围每个人的心，他们的心会向你敞开，所以练习一下你说话的音调——用它来陈述你的道德目标。

2. 为人民而战，不反对物质

我认识前众议院议长纽特·金里奇（Newt Gingrich）很多年了。

他总是那么奇特、有趣，他的很多想法已经证明是有远见的。纽特作为1994年“共和党革命”的设计师声名鹊起，那时正值中期选举，是共和党人几十年来第一次在众议院赢得多数席位的时候。

我曾经教过一门管理和领导力的课程，现在我每天都会在AEI与这些议题打交道。因此，我总是希望寻找出最佳领导力实践的事实就不足为奇了，要想在众说纷坛的华盛顿询问如何处理这件事，没有比议长金里奇更好的人选了，我问他作为众议院新议长他所面临的最大挑战是什么。

他没有说是“媒体”，也没有说是“敌对党的总统”。都不是，纽特最大的挑战是他自己阵营的共和党议员。这个挑战不是来自他们的性格或原则，而是他们的心态。赢得多数席位和像执政党一样实际操作被证明是完全不同的事情。虽然原本席位数量可以说明问题，但共和党仍像少数派一样考虑问题。

正如我在上一章中解释的那样，在民主制度中，少数派明显是站在对立面的。他们的实际立场正对抗着大多数人的想法。政治少数派反对比他们更强大的东西。随着时间的推移，他们的自我认知就是像原则上的弱者一样去表现。

当保守派反对教师工会，反对奥巴马医改，反对债务、消费、政府扩张时，我们不是在制定议程，而是对议程做出反应。当这个过程被一遍又一遍地重复时，保守派开始忘记反对物质不是我们的真正目的，而仅仅是为达成更大的目标所实施的一种策略。我们要让我们临时的政治命运僵化成为永久少数主义心态。

这是一个错误。首先，实质上保守派并不是少数派。根据盖洛普公司的调查，认定自己为保守派的美国人（38%）比认定自己为中立（34%）或自由派的（24%）美国人要多得多。[8] 自由派是最小的意识形态少数派，但他们却像多数派一样巧妙地思考和行动。他们不断地声称他们正在为“99%”的人民而战。这本质上就是多数主义语言，公众经常用与之相匹配的多数席位来回报他们。奇怪的是，尽管保守派多于自由派，我们却已经习惯于表现得像少数派，为物质而战。

让我们回到20世纪80年代。保守党不断回忆起优秀的总统罗纳德·里根，是里根引领保守派运动为物质而战吗？

不是。相反，里根比任何人更了解少数派为物质而战，多数派为人民而战。毫无疑问，他明白无限政府的危险，但他总是把谈话带回到因过度扩张而受到伤害的人身上。他没有虚假地认为大多数人把政府的大小作为内在的哲学罪恶。

下面是里根总统在1980年底特律共和党全国代表大会上为他的当选而做的发言：

> 让我们共同努力，让这成为一个新的开始。让我们致力于照顾穷人，并通过家庭教给孩子我们的价值观和我们的美德……
>
> 我们的问题不是抽象的经济理论问题。（它们）都是有血有肉、实实在在的问题；是可以引起疼痛、破坏人们道德素养的问题，这些人不应该因为被政府告知某种程度上是他们的过错而遭受进一步的侮辱。
>
> 工作和家庭是我们生活的中心，也是我们作为自由人尊严的基础，当我们拿走他们赚得的东西，或者剥夺他们的工作时，我们就践踏了他们的尊严，破坏了他们的家庭……我们必须向前迈进，但我们也不会让任何人落后。由于民主党的经济政策，数百万美国人发现自己失去了工作。数百万人甚至从未有一个公平的机会去学习新技能，拥有一份体面的工作，或者确保自己和家

> 人能在国家繁荣中分得一杯羹。现在是时候把美国带回到工作中去了；让我们的城镇重新回荡起不同种族、不同国籍、不同信仰的男性和女性自信的声音，并且能把诚实劳动赚取的体面薪水兑换成金钱带回家。
>
> 对于那些没有技能的人，我们会找到方法来帮助他们获得技能。对于那些没有工作机会的人，我们将创造新的机遇，特别是在他们居住的内陆城市；对于那些已经放弃希望的人，我们会让他们重新恢复希望，欢迎他们参与到一场令美国再次伟大的大型国家改革运动中去！

请注意，这听起来与现在许多争相声称继承里根衣钵的愤怒声音多么不同，他的讲话充满着肯定的力量，是乐观的，有抱负的，并且十足地亲民。

看看里根的讲话里的“词云”。一个词出现得越频繁，字体就越大。那么哪个词最突出呢？

诚然，“政府”一词得到了重视。这在任何一个政策讲话中都是可以预期的。但是，“人民”是里根最经常重复的一个词。在他的讲话中 38 次提到了“人民”。事实上，如果你把他谈论他为之而战的其他各种各样的人民——“家庭”,“孩子”,“穷人”,“老人”,“移民”,“工人”等等——都算上的话，这个数字就上升到了 87 次。

消费只提到了 4 次，“赤字”只有两次，“规定”两次。没有提到过“债务”。可见的具体政策词语只是“税收”(17 次提及) 和“经济”(18 次提及)。

当罗纳德·里根向美国人民解释他的政策时，他没有花很多时间谈论他反对什么，他大部分的讲话都在谈论他在为谁而战。这是保守派常常会忘记的。我们花了太多太多的时间来向人们解释经济政策，而他们只是想听听我们如何改善他们的生活和穷人的生活。

甚至当经济不再用来对抗物质，解释它还是会让我们从第一目标中分心。经济学悄悄在后台运行，就像你电脑的操作系统一样。这当然很重要：你需要让它保持正确性，否则你就麻烦了。

但是，今天的共和党已经变得像一群谈论“位”、“算法”和“二进制值”的电脑爱好者。大多数人不明白它的原理，也不关心它。一个辛勤工作的父亲或母亲不会对焊接感兴趣，他们只想让他们的手机正常运行。

顺便说一句，甚至现实生活中的工程师都知道这一点。当苹果发布他们的新产品时，他们不会歌颂他们的大芯片或处理速度，或谈论他们所面临的工程问题。相反，他们会表现人们可以用产品所做的惊人的事情。他们用鲜艳的色彩说明拥有苹果产品如何会让你的生活更美好。保守主义传播者也需要明白这一点。我们应该停止销售芯片和处理器，而开始销售更美好的生活。[9]

这个教训是颗让我难以下咽的苦果。我拥有公共政策博士学位，我是一个智库的主席，我喜欢用数据和技术参数揭穿神话。周末我最喜欢做的事情之一是靠在舒适的座椅上进行一项权威的学术研究。我和我的同事可以并且已经花费数小时仔细权衡特定公共政策建议的利弊。

所以，如果我可以训练自己把反对事物的消极技术参数换成代表人民的积极的论证，那么任何人都可以。

3. 变得快乐

安德鲁·卢克是国家橄榄球联盟最成功的四分卫之一。在前三个赛季中，他率领球队获得两个分区冠军，包括在全国橄榄球联盟（NFL）历史上第二大季后赛中复出。

但这位印第安纳波利斯小马队球星因为扛在肩上的重担而名声在外了。据《华尔街日报》报道，“卢克已经因为真诚地、热情地祝贺任何给予他很大打击的球员而闻名。”该杂志联系了十几个最近曾打击过卢克的球员，他们都讲了同样的故事。“任何一垒都受到发自肺腑的祝贺，如‘干得漂亮’或‘绝棒一击！’他也不会在导致失垒的大力击球后破口大骂。球员们说，这是 NFL 中一个四分卫所做的最奇怪的事情。”[10]

有一次，华盛顿红人队后卫瑞安·克里根（Ryan Kerrigan）把卢克打得很惨，以至于四分卫漏接了球。因为要取回球，他不能按习惯表达他的祝贺。不过不要担心——卢克在随后的比赛中找到克里根，并告诉他，他在做一项多么伟大的工作。克里根百思不得其解，“你想说‘谢谢你’，”他解释说，“但你接着又说：‘等一下——我不应该喜欢你！’”

安德鲁·卢克既具有不同寻常的攻击性，又拥有不可思议的开朗的性格。他的好脾气是真实的，但它也增加了让对方球队失去平衡的效果。他们不知道该对他做什么。事实证明美德也是一种竞争优势。

我不知道安德鲁·卢克是不是保守派，但保守派需要更多像安德鲁·卢克这样的人。

就像一条进入神经科学的快速通道很快将要告诉我们的一样，克服不好的第一印象是极具挑战性的。是的，有很多人对今天的美国感到愤懑。保守派人士担心我们所爱的国家正在走下坡路，我们为此而疯狂。但摆在眼前的事实是，带着愤怒进行辩论只会把人赶走。公众本能地会被吸引到在慈善精神中战斗的快乐勇士那里。

这又是一些现代保守派误解的经典的里根教训。你多长时间看到里根真的生气一次？他的眼睛总是闪烁着光芒，并总会准备好一个笑话。他的笑话比任何恫吓的话语都更具破坏性，他的幽默触及了大政府自由主义和苏联共产主义的痛处。

“在苏联得到一辆汽车很难，”我最喜欢的一个人说，“平均需要10年才能拿到……所以这个人‘预定了一台’，经销商说，‘好吧，10年后来拿你的车。’

“‘上午还是下午？’这个人问道。

“‘嗯，有什么区别吗？’经销商说，他想知道在那么久的将来，一天中的时间为什么那么重要。

“‘水管工上午会来！’”

里根用他的钢脊梁和微笑改变了世界。

我们也需要成为快乐的勇士。我们的目标不是赢得争论，而是赢得人们的转变。脸皮薄、一触即发让我们看起来像一个愤怒的政治少数派。如果我们想打动美国人民的杏仁核、扣带后皮质（敬请期待稍后的神经学家将会解释这是什么意思），我们需要以慈善精神进行辩论。

因此，下一次你不小心用经济案例反对最低工资标准，有人指责你是亿万富翁雇用的骗子或憎恨穷人时，在你进行更好的辩论之前笑着说："打得好！"

但猎获物在这里（语意双关）——你必须真正地认为它就是这样的。良好的幽默感必须是真实的，否则人们一下子就能看透。安德鲁·卢克没有伪装，也做不到。要做个快乐的勇士，你必须努力成为一个真正快乐的人。

4. 获得所有最好的公众议题

几年前，我在一个大的茶党集会上致辞。演讲的题目是"保守社会主义"。我陈述了保守派可以赢得穷人支持的方式以及列举了为什么号召我们这样做的道德事例。随后，一个意兴阑珊的激进人士走近我，开始了演讲。她坚持说"你不可以谈论社会公正"。

"为什么不能？"

"因为使用这样的语言让演讲倾向于'左派'！"

我们总是听到各种各样类似这样的说法。如果你是一个保守派，你就必须使用特定的词语，而对其他词语保持一定的距离。要使用使你很容易被认出来的特定的语言和主题。不管你做什么，离另一派的所有标识远一点。

这种常见的比喻是非常糟糕的建议。获胜的一边通常是打乱这种分类的一边。

美国人——以显著的比例——认为"同理心"和"同情心"是民主党特有的品质。当所有的普通选民了解到候选人是民主党人时就会本能地假定他的心是在右边的。而"左派"则免费获得了这两项特质，我们甚至可以说，在竞选开始之前就得到了。

保守党拥有几个独有的特点。跨越意识形态的大多数选民本能地会把“传统道德”（关于社会问题）和“强有力的领导”与政治权力联系起来。除了告诉选民候选人从属于共和党之外什么都不告诉他们，这样她就会认为这位候选人会负起责任，并相信他会过着正直的生活。

这是每一场战役开始时各方占领的阵地。认识到这一点，保守派就应该重塑传统道德和强有力的领导吗？就应该在我们的相对优势上进行再投资吗？或者我们就应该攻击我们对手的特点，并试图发动一场针对其他对手主场阵地的修辞偷袭吗？

这个问题可以引出无休止的理论争论，但幸运的是，在这个问题上，我们收集到了数据，这些数据毫不含糊。正确的策略是：参与到富有同理心与同情心的公众议题中去。

任何熟悉商业世界的人可能都不会在意。在私营部门，成功几乎都是来自增强自己的天然优势。如果你拥有一个纸箱厂，就会希望把重点放在做出世界上最好的纸板箱上。试图进入一些全新的、完全无关的工作领域通常是一个错误。

政治家们认为他们应该遵循同样的规则。多数共和党人认为他们的胜利之路是比红色更红——强调实力和传统社会问题、忘记柔软的东西。长期以来，传统保守主义观点已经试图让美国人相信我们同情那些艰难生活的人们就是在浪费时间。我们的资源有限，这些人无论如何也不会为我们投票，另一派已经争取到了这些人。为什么还要不厌其烦地尝试呢？

这是一个伟大的议题，除了两个小点之外：侵入他们的领地是正确的事情，也是在全国范围内取得胜利的唯一途径。

首先，爱国者和领导者要为需要他们的人——而不只是支持他们的人——而战，跟任何一位曾在伊拉克或阿富汗作战的老兵谈一谈。他们在那里捍卫整个国家，确保每一个美国人的安全——甚至那些不喜欢或不支持军队的人们。我们每个人都必须成为同样的勇士。一名公仆领导者要为每一位美国人而战，不论他们可能以哪种方式投票。

其次，在命运快乐的迂回曲折中，做正确的事就有政治回报。大多数美国人不想在同情心和道德或者在领导力和同理心之间做出选择，我们想要拥有所有这些特质的领导者。

乔治·华盛顿大学政治学家丹尼·海耶斯在这个课题上做了开创性的工作。[11] 他的研究表明，美国人钟情于甩开惯常的脚本，在非传统道德基础上进行竞争的领导人。海耶斯梳理了几十年的数据，下面是他的发现：如果选民认为两个候选人是同样强有力的领导者，这意味着民主党已经抹去了它在这一特质上的先天缺陷，支持民主党的选民就会从大约 60% 降至 40%。相反，如果一个共和党人成功克服了同理心不足的问题，如果选民看到两个竞争者同样善解人意，他或她就赢得了约 65% 的选民。

这些都是巨大的发展空间，而且他们给了我们一个清晰的观点：选民会回报那些追求非传统特质的候选人。

有许多政治家敏锐地感受到这一点，他们中有两人恰好还是一个姓，1992 年，比尔·克林顿首次竞选总统时，洛杉矶警员殴打了一位名为罗德尼·金的司机。整个城市爆发了骚乱。在此之后，一个名为“索尔嘉姐姐”的嘻哈歌手做了一次现在来讲都臭名昭著的采访。“如果黑衣人天天杀黑人”，她提出，“为什么不能有一个星期杀白人？‘如果’你是一个团伙成员，通常都要杀人，为什么不杀白人呢？”[12]。

“索尔嘉姐姐”发布这些评论之后没过多久，克林顿应邀出席杰西·杰克逊召集的会议并做了发言。“索尔嘉姐姐”也是一位发言者，[13]

当克林顿利用自己的讲台责备“索尔嘉姐姐”时，整个屋子的人都惊呆了。“如果你用‘白’和‘黑’这样的词，”他严厉地斥责道，“并且颠倒黑白，那么你可能会被认为是发表这种言论的‘三K党’领袖。”[14]

这个情节因被称为克林顿的“索尔嘉姐姐时刻”而广为人知，他的言论在“左派”中掀起轩然大波，但这却是一个政治上的辉煌之举。作为民主党人，他被选民们认为是善解人意、富有同情心的。有了这些基础，他也就被认定为道德领袖了。

再举一个更近的例子。希拉里·克林顿2014年在全国各地巡回演讲推广她的新书时，就抓住了她自己的“索尔嘉姐姐时刻”。她因为伊斯兰国家的崛起而尖锐地批评了巴拉克·奥巴马。这位前国务卿认为奥巴马在装备和训练亲西方武装上的“失败”“留下了一个现在已被圣战者填补的大大的真空”。[15]希拉里甚至直接批评奥巴马政府最近提出的，用以描述其对外政策原则的口号“不要做愚蠢的‘事情’”，希拉里反驳说，“伟大的国家需要组织原则，‘不做蠢事’不是组织原则”。

为什么希拉里要表现出这样强硬的立场？也许她真的相信它——但无论如何，这就是精彩的政治。作为民主党人，希拉里知道自己已经因为同理心和同情心这些典型的民主党特质获得了信誉——通过批评奥巴马总统的国家安全记录，她表现了强硬的领导风格——典型的共和党特征。

克林顿夫妇知道他们在做什么。当民主党动摇了传统分类，并传达出他们在道德上是认真的、在国家安全上是坚强的这样的讯息时，他们做得很好。至少他们在自己的阵营中得到了很多选票，在独立派中得到的选票更多，甚至还有一些保守派的选票。反之，也会有类似的结果。如果共和党努力在同理心和同情心方面赢得选民，他们将跨越各政治派别，尤其是从独立派中赢得更多的选票。

每一个共和党领袖需要再三强调，“我是一个保守派的原因是因为我关心贫穷。我为帮助穷人而战，不管他们是否为我投票我都会做到这一点。”

如果我们开始这么说，而且说得足够频繁并说到做到，竞选数据将显示出巨大变化。10 个百分点的独立派选民支持保守派候选人是指日可待的。

不去争取这些独立派选民是最高等级的政治过失。在紧张的总统选举中，那些独立派选民可以很容易地造成所有的差异。这不仅是可以取胜的关键，我相信这是赢得胜利的唯一关键。最重要的是，它是我们要做的正确的事情。展开你的道德想象力，偷偷学习对手的特点。

5. 到你不受欢迎的地方去

人类有一种天生的倾向，那就是去我们感觉很舒服的地方。如果你是一个基督教福音派，最大的快乐是与其他欣赏和共享你的价值观的福音派一起云游。我很清楚这一点。

保守派肯定具有这种倾向。我们往往是非常狭隘的，彼此之间只谈论我们的目标、抱怨“左派”所做的所有不好的事情，退一步说，在大多数保守主义事件中，你不会看到太多中间主义或自由主义的观点。而且在领导者的自身利益中也很少看到他或她把自己暴露在另一方的无理窥探中。

不幸的是，我们不离开家的时候，需要转变的人不会被改变。

我们保守主义运动的目标不是要坚持做一个积极的少数派，我们要成为变革的道德多数派。要做到这一点，我们需要掀起一场更具吸引力的运动，吸引那些还没有看清我们做事方式的人，把他们争取到我们的队伍中。

这样做，需要重新思考我们该如何与三组不同的听众进行互动：

（1）真正的信徒——那些已经与我们在一起的人。

（2）可以被说服的人——那些还没有与我们在一起的人。

（3）敌对方——那些永远不可能与我们在一起的人。

我们需要为每个组制定一个明确的战略。是的，我们必须花时间与他们打交道。

首先，考虑一下共和党与真正的信徒对话的标准策略。我们的领导人要把群众发动起来！他们让我们疯狂！在保守主义者的聚会上，候选人占据这个舞台，将一个个观点高高抛给观众。媒体会报道哪一支反奥巴马阵线得到了最大的掌声、谁得到了最长时间的起立喝彩。

把群众发动起来没有什么错。被发动起来的人去敲门、拨打电话，并进行投票，但是发动群众也有正确和错误的方式。当我们用消极、对立、少数主义的说辞去发动群众时，我们可能会激发一些真正信徒的积极性，但我们却不能让他们成为有效的传播者。我们会让其他在听我们说辞的人转身离开。

你们中许多人可能跟我一样是宗教信徒。如果是你，我敢打赌你不会被来自你新信仰中最热烈的信徒所发出的响亮的、带有启示性的声明所吸引，更大的可能是，你会遇到其他以谦卑、勇气和明确的目标约束自己的真正信徒。你会想拥有他们拥有的东西，想了解更多的信息。这种吸引力便是赢得民心的方式。

保守主义运动如何才能获得这种吸引力？读一读圣保罗给早期基督徒的信吧。他虽没有告诉他们要发动起来去攻击异教徒，但他也没有教导他们把自己封闭起来，相反，他只是要求他们参与到社区中去，成为他们可能成为的最好的基督徒。不要相互争论或指责你的邻居，他写道。与大家分享，彼此相爱，过一种与你得到的召唤相配的生活。以这种方式生活，人们就“穿上了神所赐的全副武装”。

保罗知道通过向大家展示自己真实的内心，初出茅庐的基督徒会变得有吸引力，进入他人的内心。毋庸置疑，作为保守派的我们也可以学习这种做法。

把保罗的建议付诸实践的第一步就是以正确的方式激励真正的信徒。忘记否定，要鼓励、提高，让他们愿意与他人分享自己幸福和自由的原则，与我们的朋友和盟友讲话。

这个更具吸引力的方式也将更好地传达到美国观众的第二部分——“可以被说服的人”。他们既不支持我们也不反对我们。他们不会每天早上起来跟自己说保守派是邪恶的。他们可以被说服，除非我们自己赶他们走。

大多数可被说服的人没有很强的意识形态。他们正在寻找大胆的解决办法，愿意给每一派别机会。他们中许多人投票支持奥巴马，但对他的领导却失去了宝贵的信心。他们往往在政治上是独立的，对时事的关注相对较多。他们会倾听双方的想法。这样的人数以亿万计。

要接近他们，我们需要向硅谷的非传统创业者学习。像苹果公司这样的技术公司推出新产品时，它不会响应市场的现有需求，而是创造全新的需求以配合全新的供应。iPhone 出现之前，没有人认为他们需要一个 iPhone。现在，人们通宵排队等候只为了比他朋友圈里的其他人早几个星期获取最新版本。苹果以这些早期拥有者为目标来制造这种需求。他们确定并直接告诉那些想要尝试新事物的人，他们会自觉地选择那些认为自己是独立自由的思想者的客户群，并希望把这种形象辐射到世界其他国家和地区。

如果这种做法听起来很熟悉，那是因为过去的我就是这样做的。这促使我转变为保守派。值得一提的是我没有带着任何政治观点进入我的成年阶段。当时我所拥有的是一个直觉，我必须怀疑一切，从纷繁复杂中创建一个新认识的直觉。在很长一段时间内我是一个可被说服的人，遗憾的是——或者说幸运的是，我想，对他们的理智来说——只有一小部分可被说服的美国人疯狂到在学校花 10 年的时间去理解公共政策。

我们需要一个能够众所周知的策略。为了继续扩展我们的比喻，让我们尝试一下与技术人员用来针对他们可说服客户完全相同的想法：“不同凡‘想’”。

我们要让这些可说服人员提出问题（如果你认为自己是一个可说服的人，那么现在我要让你问自己这些问题）。*国家是朝着正确方向前进吗？经济大萧条结束以来在繁荣中贫困人口有增长吗？对大多数没有大学文凭的人来说现在比 2008 年找工作更容易了吗？*几乎每个客观看待这些事实的人都会直观地得出结论“没有”。在过去的 6 年里，那些社会顶层的人过得还不错，但那些底层的人却更糟了。我们正在做的不是工作。好奇、有抱负的人不应该满足于这一点，他们知道我们需要尝试新事物。

我们不要求可被说服的人成为在册的共和党人，我们不要求一些重大的领悟和这本书的批量订单，我们只是想让他们勇于进行不同的思考，考虑一些可能落在他们熟悉领域外的新鲜想法。总之，我们要让美国人参与进来，*就像那些性格外向的超市员工，他们用牙签为路人提供分成小份的培根试吃品*。我们必须无所畏惧地接近新的人群，并明确告诉他们：“去尝试一下，这就是我让你做的事。”

可被说服的人群还有一个特别有趣的特点，请记住：这些人密切关注我们，但这并不适用于你直接跟他们交流时。他们听话只听一半，他们会敏锐地观察你如何与第三部分人群——敌对方打交道。

敌对方的人一大早醒来就会想着保守派是邪恶或愚蠢的，他们已经形成了自己的思维定式。结果是，大多数保守派认为让他们参与进来没有意义。我们倾向于要么避开他们，要么攻击他们，究竟怎么做取决于我们的心情。

这是错误的。尽力攻击敌对方或试图忽略他们都是失败的策略。更好的方法是走到他们当中，理解他们。我们需要记住，即使是我们意识形态上的敌对方，也是值得打交道的人。我们的目标不是集体转变他们，虽然这肯定是很好的。我们可以在思维边缘说服一些人。但更广泛地说，我们将如何利用说辞向那些可说服的人展示我们是什么样的人以及提醒我们自己我们是谁。

当然，那些强烈反对我们的人在认为我们在侵略其阵地时很少激动，他们经常用尖刻的话和愤怒进行回应。然而这是他们的损失，因为可被说服的民众正在关注着呢。相反，当我们优雅地来对待另一方，用爱来回应他们的愤怒时，可被说服的民众也看到了这一点。想想美国人关注那些与敌对的采访者和质问者辩论的政客视频就知道了。他们要么小气、脸皮薄，要么理智、勇敢。与我们的政治“敌人”优雅地互动——也就是不把他们当作敌对方——是成为一个真正多数派的关键。

此外，我们自己的辩论将因此变得更好。只与赞同你的人交谈的一个问题是，你最终会失误很多。如果任何一名保守主义者对此表示怀疑，只需要听听微软美国有线广播电视公司（MSNBC）的专家怎样谈论保守派就可以了。问题不在于他们有进步的观点，而在于他们在保守派这个问题上向来都是错的——因为他们从来没有真正地花时间与保守派在一起。这样一来，他们就曲解了我们的政策，歪曲我们优先考虑的事项和把一些实际上并不存在的动机强加给我们。

每一位保守主义者都对此感到沮丧。然而，我们从来没有与对方交流,往往在无意中表现出这种不良行为。2012年的一次集会中，我清楚地记得有人说：“我只是不知道怎么还会有人再次把票投给这位总统！”我肯定对当局没有兴趣，但我们不应该对有人如此真心实意地表达自己的不赞同而感到迷惑不解。有些“右翼”人士确信，进步政策实际上是旨在挽回人心，这样穷人就会对社会援助产生依赖，永远站在民主党一边了。但事实是大多数自由主义者确实想帮助穷人——他们只是在如何做到这一点上的想法错了，我们不应该像电视上的理论家们一样，把邪恶的动机强加给我们的对手。在大多数情况下这是完全错误的，它使我们看起来也像他们一样脱离现实。这些都是错误的，那些可说服的观众在看着我们呢。

我们需要更好地理解到底是什么激励着对方。如果我们不这样做，我们就会以他们误解我们的方式同样去误解他们。我们需要去寻找确实存在的共同立场，完善我们自己的论点，并通过大度回应敌意，用善解人意、幽默开朗和爱来赢得那些可被说服的美国人。

6. 30 秒后说出来

直觉，一见钟情的爱情——在生活中，我曾经认为对于别人的草率判断是愚蠢和冲动的，认为它们是浅薄思维的标志。可是有一天，我也做了那种草率的判断，它却永远改变了我的生活。

1988 年夏天，那时候我 24 岁，正在法国勃艮第地区旅行。这不是那种“寻找自己”的背包旅行：我是在工作。我正与铜管五重奏音乐团进行巡演、录音。那个 7 月的几个星期里，我们在第戎城里和周边开音乐会。

在我到达第戎城的第一天晚上，我上台演出，底下的观众很少（回想起来，好像所有场次观众都很少，这可能是为什么我赚不够房租的原因）。我的目光被吸引到了前排，那里坐着一个黑头发、黑眼睛的女孩朝着我微笑。作为一个非常典型的 24 岁男性，我暗暗地想，演唱会结束后一定要跟她说话。

事实证明这不是一件容易的事。演出一结束，我直接向她走去，然后深吸一口气，大步向前介绍我自己。结果她不会说英语。她是西班牙人，那年夏天在法国学习。我不会说西班牙语。我们的“对话”是手势与具有国际意义的单音节词的荒谬组合。

接着发生了我所能记得的关于那天晚上的最奇怪的事情。当我第一次开始与她说话时，一个念头在我脑海中冒出来：

“我要和这个女孩结婚。”

你要知道，那时对我来说结婚是一件相当遥远的事情。更奇怪的是，我们没有任何有意义的言语互动。她本来要告诉我，“我是一个连环杀手，你看起来像一个可爱的受害者，”而当时我并不知道。

但是，仅仅几秒钟之后，“我想和她结婚”这个想法突然出现在我的脑中，而且挥之不去。实际上，几个星期后我告诉父母我遇到了那个我想与之结婚的女孩，甚至不需要用语言技巧去告诉她。

结果如何？长话短说：如今我们结婚已经将近 24 年了，并且有三个孩子。

结婚后的几年里，我们一直使用西班牙式的英语进行交流，它已经发展成为我们今天仍然使用的私人语言，我告诉她我们第一次见面的瞬间判断，并且问她那一刻的想法。“我认为你太辛苦”，她告诉我。自发的相互吸引就是这样。

不管你信不信，这个故事与保守主义运动的未来有关联。那天晚上我在法国所得到的，除了终身伴侣之外，还有脑科学的速成课程。我了解到基于第一印象，我能够形成关于他人惊人的完整概念。我遇到未来妻子的那一刻所发生的事同样也会发生在第一次听到新右翼演说的美国人身上。我们只需几秒钟就可以表达我们的诉求。

丹妮拉·席勒不是一般水平的神经学家：白天，她是纽约市西奈山医学院情感神经科学席勒实验室主任；晚上，她是一支由神经科学家组成的摇滚乐队——杏仁岩乐队（Amygdaloids）的鼓手。他们从演唱关于精神障碍的歌曲开始（他们认为滚石乐队是“第 19 次精神崩溃”）并最终开始创作原创作品。

席勒不在成千上万人面前表演时，在设计一项探讨人类大脑内部运作的突破性研究。2009 年，她与纽约大学的同事们进行了一项很吸引人的大脑研究。

志愿者在看过了一些男性面孔的照片后进行了脑部扫描，每张面孔后面都跟着 6 句描述据称是该人好的或者坏的行为。例如，一名年轻男子的照片后可能是描述了他帮他朋友的一个忙，比如在他朋友试图戒烟时，在他面前不吸烟（好行为），或从车窗里抛出一句侮辱的话（坏行为）。每个主题都跟在同一张面孔后面，使用正面或负面信息来与之相配。这种做法可以确保研究者能够观察研究对象对小故事的大脑反应，而不是简单地对模样的反应。

席勒和她的研究人员对参与者的大脑如何捕捉信息来做出判断颇感兴趣。他们发现两个脑区被激活，就会导致参与者在数秒内做出判断：杏仁核（为其乐队命名的区域，分管情感价值观）和后扣带皮层（其参与价值观和情绪记忆的编码）。这两个脑区被发现在脑部中心深处，从进化上讲是古老的。这意味着在人们拥有今天的推理能力的很久以前，他们就拥有了帮助他们对他人进行评价的结构。

50 万年前——在法律、警察、秩序井然的社会甚至发展完全的语言出现之前——区分朋友和敌人并不是一件容易的事情。一个陌生人是亲戚还是竞争对手？我应该从不速之客那里逃离、打他，还是欢迎他到我的洞穴？判断失误，后果可能就是致命的。那些拥有最佳判断力的人最有可能遗传他们的基因。

时代快速发展到今天。我们现代化的具有推理能力的大脑仍然拥有这个古老的机制。它低声地告诉我们的潜意识，我们在第戎音乐厅遇到的（或在电视上看到的）某个人是朋友还是敌人。“当你接触到信息或者有人对你说话时，大脑系统就会被激活参与到评估和情绪反应中去，”席勒说，“社交场合有如此多的线索可以让我们很大程度上依赖于这些快速自动处理过程。”

“我们甚至没有意识到我们做出这些决定，”她解释说，“但是，人们会非常快速地做出判断而且通常他们都很执着。”[16]

多快？该研究表明，“在甚至不到半分钟的快速观察基础上，人们就可以做出相对准确、持续的评估。”[17]

一旦你留给别人不好的印象，就很难恢复。“如果你把一个人与负面的东西联系起来，甚至在无意中——可能是因为你不喜欢这个人的脸或者他们在那个时候的特别表达，你马上就建立了与该人的关联，然后就很难再改变这些关联了。”席勒说。当然，这是可以做到的，“皮质层较发达的大脑区域可以储存着能够激活更基本自然反应的基本物质。”但要激活“就要付出更多的努力”，并且这是“一个困难重重的过程”。

换句话说，科学印证了那句老话，“没有第二次机会留下一个良好的第一印象。”

这也是为什么给大家解释经济学不起作用的另一个原因——花费的时间过长。我们认为我们有30分钟来引导人们得出一个合乎逻辑的结论。事实上，我们只有不到30秒的时间。

这解释了我对我未来的妻子的瞬间判断。这是我大脑中一个古老的部分读出一个信息——“友好”。在她的末端，同样的因素解释了她为什么没有害怕地逃走。谢谢你，杏仁核！

这是你可以使用的信息。想要通过下一份工作面试？关注前30秒。现在大家知道为什么眼神交流可以马上起到作用，就像一个真诚的笑容所做到的那样。并不是说你未来的老板浅薄，而是当他大脑的意识还在考虑午饭的事情时，他大脑的后扣带皮层和杏仁核则在对你进行总结。因为下一个小时，你可能会谈你上一份工作，你上过的大学或者你在业余时间喜欢做什么。这可能是一次很棒的谈话。但尽管如此，面试中他仍有一种你身上有些事情不太正确的感觉。因为你怯懦的握手，他的杏仁核会潜意识地否定你。

想从根本上提高你的公众演讲？你可以去学这样的课程，他们会告诉你慢点说，结束时总结你的观点以及无数其他事情。但真正的秘密在于演讲时开一个好头。一个伟大的演讲会把开头的几秒钟当作稀缺、宝贵的商品，事实上它们确实是。

历史上伟大的演说家都明白这一点。想想亚伯拉罕·林肯的葛底斯堡演说中最开始的几个词：

> 87 年前，我们的先辈们在这个大陆上创立了一个新国家，它孕育于自由之中，奉行一切人生来平等的原则。

或想想马丁·路德·金的演讲“我有一个梦想”的开头：

> 今天，我很高兴同大家一起参加这次将成为我国历史上为争取自由而举行的最伟大的示威集会。

林肯和金都不是神经学家。然而，他们都知道在别人心中留下一个好印象是第一要务：不要忽视开场白。

顺便说一句，请注意林肯和金是如何使用他们的开场白的。正如我们先前的习惯已经明确的那样，令人信服的演说必须是道德立场明确并关注于为人民而战。林肯在开始的几秒钟内谈到了自由和所有人的平等；金则直接谈到需要争取普遍自由。这就是为什么这些人都是标志性传播者的原因，这就是为什么这些演讲改变了这个国家。直到今天，这些演讲都影响了所有倾听者的大脑深部。而所有这些都是可能的，因为每个人最开始的 30 秒都会让我们很想倾听。

今天的领导人必须记住这一点：我们每个人的大脑中都有一块古老的区域来让我们决定电视上的政治家是朋友还是敌人。如果我们的大脑说他或她是朋友，我们将继续倾听；如果说他或她是敌人，我们就不予理睬。我们做出决定非常快，甚至不打算知道为什么。

一些人提出你不可能在短时间内制造一起引人注目的政治事件，并以此作为反对的理由。不，你可以。20 世纪 90 年代，民主党战略家保罗·贝加拉试图让自己的候选人哈里斯·沃福德做到这一点。沃福德当时正在宾夕法尼亚州竞选美国参议员，以此为平台倡导医保改革，他告诉自己的顾问："我的卫生保健计划过于复杂，很难一下子解释清楚。"因此贝加拉掏出一本《圣经》，翻至约翰 3:16，让沃福德大声朗读它。沃福德拿着《圣经》，读道：

> 神爱世人，甚至将他的独生子赐给他们，让一切信他的，不至灭亡，反得永生。

经文仅朗诵了 8 秒钟。贝加拉以胜利的姿态告诉他，"如果上帝能在 8 秒钟内解释基督教，你就能解释你的医保计划。"

如果上帝能在 8 秒钟内解释基督教，那么对我们来说用 30 秒解释"是什么鼓舞着保守的心"是绰绰有余的。

7. 消除你的坏习惯

长期以来，我与国会议员、参议员以及其他保守主义传播者分享的战术列表通常只有 6 条。但后来我注意到一种模式：与我一起工作过的决策者在回来报告他们的情况时，经常会这样说："我记下了你说的那些东西，我出去就准备用。但是，我一旦进入辩论环节，我就发慌，又回到了我所有的旧论点和攻击状态。我想我不擅长这些东西。"

他们能真正学到新的沟通方式吗？事实上，他们可以，而且我们也能做到。但要改变旧习惯，我们需要从神经科学世界得到最后一丝帮助：大脑有一部分叫做基底神经节，它是直到最近科学家都不十分了解的一个神经组织结。但现在研究人员认为它可能在如何形成习惯方面发挥了巨大的作用。

在他那本引人入胜的佳作《习惯的力量》中，《纽约时报》的科学记者查尔斯·杜希格（Charles Duhigg）解释说，好习惯——从刷牙到专注于我们的工作——是唾手可得的。吸烟和飙脏话这些恶习是可以消除的，改起来也并不是那么难。

杜希格详细描述了几十项大脑研究。这些研究表明，习惯是绕过我们的意识思维，由基底神经节直接进行处理的行为。为了说明这一点，他提到了20世纪90年代的研究，当时麻省理工学院的研究人员正在研究在迷宫里寻找巧克力的老鼠。当这些老鼠被首次放入迷宫时，它们的小脑袋要发疯了。老鼠嗅着气味，做出错误的转弯，走入死胡同，不得不重新开始——它们大脑中学习的部分在超速运转。但是，当它们学习了常规之后，它们的大脑会冷静下来，而由基底神经节接管。老鼠训练自己无意识地径直寻找巧克力。更多的奖励，更少的工作，无意识的思考——这就是一种习惯。

基底神经节在人类中以相同的方式发挥作用。在有记载的脑损伤案例中，病人变得无法记住简单的任务和事实，比如说出他们居住的地方。然而，在实践中，他们却完全有能力从邻近的任何一点找到回家的路。这是因为他们的习惯中心在主导，而不是他们的记忆或执行功能在起作用。

相反，当基底神经节受到损害，其结果是灾难性的。这种情况使人们不可能继续自己的生活。即使其他方面未受损害，他们也无法弄清楚如何转动门把手或系鞋带。他们不能弄清楚面部表情，或从他人那里辨别线索。

所以消除坏习惯、建立好习惯的关键是对惊人的基底神经节进行重新编程。想戒烟？这并不容易，但在概念上却非常简单。使用你大脑的执行部分打破你的日常习惯，并用好习惯替代坏习惯。当你需要点燃希望的时候，你应该站起来，出发——但一旦你到达那里，就可以四处走走了。这样做几千次，随着你大脑习惯中心深处形成新的规划，你就会成为一个戒烟者。你甚至不会需要再考虑一下。我知道这个是因为我本身就是个例子。起初我还以为这不可能。如今，我几乎从来没有想过再度吸烟。

所以，当你采取新的思考方式，谈论你关心的问题时，好习惯也会伴随着你。当你争辩说自由企业的主要好处是它创造了经济增长，你只要拿出言语上的香烟、坏习惯，抓住自己的要点并套用你新的辩论方式——以一个道德声明开始，为人民而战，可能还要冒犯对方的特点，你就会成为在最初的 30 秒中自动呼吁怜悯和公平的人。这种情况的发生比你预想得更快。这样就会开始赢得辩论了。

保守的心

在这本书里我们已经介绍了“美国式幸福”中的许多领域：对幸福的追求，贫困的解决方案，工作的祝福，为争取社会正义的战斗，社会运动的需求。而本章则介绍了有效沟通的关键方法。

我们几乎完成了所有的内容，但我需要阐明最后一点。这本书——特别是这一章——很容易被误认为是一本关于修辞技巧的手册，用以愚弄和炫耀：“让任何人做任何事！”但这显然不是我所主张的。关键问题不是糊弄人们违反自己的利益进行投票，而是为了让我们更好地表达我们自己的品质特点，所以我们要成为那些有需要的人的更好的仆人。

世界需要我们停止亏损：美国有太多的人被甩在后面；海外有太多的人没有享受到民主资本主义和自由企业的好处；世界各地有太多的人一直否认成功所带来的快乐，这些人需要我们。如果我们希望有机会帮助他们，我们就要提高向美国人民说明情况的技巧。

我们要分享《美国式幸福》所表达的思想。

致　谢

很多人帮助我完成了这本书，其中我 AEI 的同事泰森·马克和安德鲁·奎因贡献最大。这本书的许多章节开始于与马克的交谈，他会把它们延伸、完善，并转换成笔下的文章。如果读者觉得这本书很有趣，我要感谢安迪的研究和编辑艺术。

我要感谢 Broadside Books 的编辑亚当·贝娄，以及我在加拉蒙的文学经纪人莉萨·亚当斯。这本书——特别是有关幸福的章节——的几个核心观点是出自《纽约时报》的网页。我还要感谢我的编辑翠西·霍尔。还要感谢《评论》杂志的编辑约翰·波德霍雷茨，“社会正义”这一章是出自这本杂志。

我 AEI 的同事们——这些争取自由和机遇的勇士——是本书灵感的源泉。领导 AEI 是我职业生涯中最大的荣幸。特别感谢我的同事贾森·伯奇、约翰·屈塞、S. 杜海姆、罗伯特·多尔、尼克·埃伯施塔特、塞西莉亚·加洛格利、大卫·格尔森、凯文·哈塞特、贾斯汀·朗、雷切尔·曼弗雷迪、查尔斯·默里、马克·佩里以及迈克尔·斯特兰，感谢他们对于此书完成的帮助。

还要感谢我的朋友和AEI公司董事长塔利·弗里德曼、AEI杰出的董事会以及它坚定慷慨的捐赠者对我的信任和支持。对于该书的支持，我们所有AEI的人都要感谢克恩家族基金会、安舒茨基金会、马库斯基金会、道格和玛丽亚·狄维士基金会、理查德和海伦·狄维士基金会、迪克和贝特西·狄维士基金会、莫格里奇家庭基金会、查尔斯·科赫基金会、基金会三合会、乔治·罗伯茨、赛斯·卡拉曼，凯利和艾伦·奎斯特罗姆、杰克和碧娜·邓普顿、阿特和卡莱尔·乔卡。

我特别感谢我睿智的合作伙伴和妻子，埃斯特·布鲁克斯。作为一个通过选择来到这里而不是当地出生的美国人，埃斯特不断提醒我，为什么美国的社会和系统是一种不应被认为是理所当然的礼物。我要感谢我们的三个孩子——若阿金、卡洛斯和马里纳，他们已经习惯了我在写书时的困惑表情。

这本书要献给伟大的爱国主义者、学者和导师詹姆斯·Q.威尔逊。吉姆在我职业生涯的每一个时刻都是激励和慷慨的力量，《美国式幸福》就是一个活生生的例子。

出售这本书的所有稿费都会用来支持AEI的工作。

注　释

引　言

1. Maxim Pinkovskiy 和 Xavier Sala-i-Martin，“世界收入分配的参数的估计”，美国国家经济研究局工作论文 15433 号（2009 年 10 月），doi:10.3386 / w15433。

2. “全球贫困在下降，但几乎没有人相信”，Barna 集团，2015 年 3 月 27 日，https://www.barna.org/barna-update/culture/668-global-poverty-is-on-the-decline-but-almost-no-one-believes-it。

3. “满意美国”，盖洛普公司，2015 年 1 月 8 日，http://www.gallup.com/poll/1669/general-mood-country.aspx。

4. “AP-GfK 调查”，GfK 公共事务，2014 年 12 月 8 日，http://ap-gfkpoll.com/main/wp-content/uploads/2013/10/AP-GfK 10month-2013-Poll-Topline-Final_VIEWS.pdf。

5. 这是 Jonathan Haidt 的一个中心主题，正义的思想：为什么好人被分为政治和宗教派别（纽约：万神殿的书，2012）。参考杰西·格雷厄姆，Jonathan Haidt 和布莱恩·A. Nosek 的“自由派和保守派依靠不同的道德基础”,《人格与社会心理学杂志》, 1996 年, doi:10.1037 / a0015141。

6 莱昂内尔·特里林,《自由的想象力》(纽约 : 维京出版社, 1950), ix。

第一章　美国人对幸福的追求

1.http://www.nytimes.com/2014/12/14/opinion/sunday/arthur-c-brooks-abundance-without-attachment .html;http://www.nytimes.com/2014/07/20/opinion/sunday/arthur-c-brooks -love-people-not-pleasure.html;http://www.nytimes.com/2013/12/15/opinion/sunday/a-formula-for-happiness.html;http://www.nytimes.com/2014/04/18/opinion/capitalism-and-the-dalai-lama.html.

2. 托马斯·杰斐逊, 亨利·李, 1825 年 5 月 8 日, 托马斯·杰斐逊的基本作品, 菲利普·S. 芳娜,(纽约: 宁静的房子, 1950), 802。

3. 这些数据在一波又一波的综合社会调查（GSS）后显示了很强的一致性。要更深入讨论这些 GSS 数据, 请参阅阿瑟·C. 布鲁克斯, 国民幸福指数（纽约: 基本书, 2008)。

4. 贝齐·史蒂文森和贾斯廷·沃尔弗斯, “女性幸福指数下降的悖论”, 美国国家经济研究局工作论文 14969 号（2009 年 5 月), doi:10.3386 / w14969。

5.http://www.aei.org/publication/sex-politics-and-happiness-in-the-general-social-survey/.

6.http://www.psych.umn.edu/psylabs/happiness/happy.htm.

7.http://hdl.handle.net/10419/30746.

8. 这是我最初基于可用的文献得出的结论。研究发现，大约一半的幸福感是来自遗传。请看第 7 条注释。Lykken 和 Tellegen 还声称，可遗传的一部分幸福感（大概有一半）等于稳定的幸福感组成部分的 80%；潜在的含义就是，剩下的 60% 的幸福感是不稳定的。这个结论也得到了理查德·E. 卢卡斯和 M . Brent 唐纳兰的结论的支持，“幸福感有多稳定？使用模型估计的稳定性生活满意度”,《性格研究》(2009 年 10 月 5 日)，doi:10.1016 / j.jrp.2006.11.005。这些作者估计，大约 37% 的幸福感可能来源于“相关的环境”。

9. 菲利·普布里克曼，丹·考特斯和罗尼·让诺夫－布尔曼，“彩票中奖者和截瘫患者：幸福是相对的吗？”《人格与社会心理学杂志》36，第 8 期（1978）：917-27。

10. 作者的计算，来自 2012 年 GSS 的数据。

11. 布鲁克斯，国民幸福指数，122。

12. 丹尼尔·卡尼曼和安格斯·迪顿，“高收入改善生活，而不是情感的幸福，” PNAS 107, 38（2010 年 9 月 21 日）：16489-93。

13. 作者的计算，来自 2012 年 GSS 的数据。

14. 克里斯托瓦尔·杨，“失去工作：美国失业的非金钱成本”，社会力量（2012 年），doi：10.1093 / sf / sos071。

15. 迪安－贝克尔和凯文－哈塞特，“人类失业的灾难”,《纽约时报》，2012 年 5 月 12 日，获得日期：2014 年 11 月 1 日，http://www.nytimes.com/2012/05/13/opinion/sunday/the-human-disaster-of-unemployment.html。

16. 理查德·弗莱彻，摩尔人西班牙，第二版。（伯克利：加利福尼亚大学出版社，2006），53-54。

17. 从“幸福”中引用，Bartleby.com，2015 年 3 月 3 日获得于

http://www.bartleby.com/349/223.html。

18. 感兴趣的读者可以在 https://www.authentichappiness.sas.upenn.edu/testcenter 自己参加测验。

19. “歧视与少数儿童中的抑郁有关”，美国儿科学会，2010 年 5 月 3 日，2015 年 2 月 7 日获得于 http://www.sciencedaily.com/releases/2010/05/100502080240.htm。

20. 科琳·M. 赫夫林和约翰·艾斯兰德，“贫困，物质困难和抑郁”，社会科学季刊 90，第 5 期（2009 年 12 月），doi：10.1111 / j.1540-6237.2009.00645.x。维贾雅·穆拉利和费米·奥耶博德，“贫困，社会不平等和心理健康”，BJPsych Advances 10，第 3 期（2004 年 5 月），doi：10.1192 / apt.10.3.161。

21. 丹尼尔·卡尼曼，艾伦·B. 克鲁格，大卫·A. 施卡德，诺波特·施瓦茨和阿瑟·A. 斯通“描述日常生活经验的调查方法：重建日常方法”，《科学》306，no. 5702（2004 年 12 月 22 日），doi:10.1126/science.1103572。

22. 克里斯多夫·P. 涅梅茨，“采取的道路：在大学生活中获得内在和外在的意向的结果”，《人格研究杂志》43，3（2009 年 6 月），291-306。

23. 唐娜·罗克韦尔，“在日常生活中的正念——所以你想要成名？你需要知道的关于名人的事情”，《赫芬顿邮报》，2015 年 3 月 15 日获得于 http://www.huffingtonpost.com/donna-rockwell-psyd/mindfulness-in-everyday-l_2_b_4818606.html。

24. 大卫·G. 布兰弗奇和安德鲁·J. 奥斯瓦德，“金钱，性与幸福：一个实证研究”，《斯堪的纳维亚经济学杂志》106，第 3 期（2004 年 9 月），393-415。

25. 丹尼尔·卡尼曼和安格斯·迪顿，“高收入改善生活，而不是情感的幸福”，PNAS 107，38（2010 年 9 月 21 日）：16489-93。

26. 研究人员使用称为 Leyden 的方法生动地测量了适应原理：研究人员问人们，他们认为什么收入水平是“非常差”、“差”、“不足”、“足够”、“好”、“非常好”。研究发现，无论你收入多少，不足和足够（你的“所需收入”）之间的中间水平比你现在所挣的高出约 40%。如果你每年赚 5 万美元，你所需的收入是 7 万美元。但是如果你挣到 7 万美元，你所需的收入将很快跳到大约 98 000 美元。参见伯纳德·M·S. 范普瑞格和保罗·弗里吉特斯，《幸福感：快乐心理学的基础》中的《福利和幸福的测量》，由丹尼尔·卡尼曼、艾德·迪纳和诺波特·施瓦茨编辑（纽约：罗素基金会，1999），413-33。

27. 利夫·万博文和托马斯·季洛维奇“做还是拥有？这是个问题”，《人格与社会心理学杂志》85，6（2003）：1193-1202。

28. 一行禅师，《正念的奇迹》（伦敦：骑手书，2008），3。

29. 爱德华·L. 德西 和理查德·M. 赖安，《人类行为的内在动机和自我决定》（纽约 :Plenum Press，1985）。

30.Fr·罗伯特·巴伦“You're Holier Than You Know”，美国天主教徒，2008 年 7 月，2015 年 1 月 13 日获得于 http://www.uscatholic.org/church/2008/07/youre-holier-you-know。

第二章　为什么美国还没有取得脱贫战争的胜利

1. 查里斯·默里，“新美国鸿沟”，《华尔街日报》，2012 年 1 月 21 日，2014 年 2 月 22 日获得于 http://www.wsj.com/articles/SB10001 4240529

702043014045771707338171816 46。

2. 查里斯·默里，《分崩离析：美国白人五十年（1960—2010）来的恶化》（纽约：皇冠论坛，2012 年）。

3. 作者的原始计算；来自 2010 年综合社会调查的数据。

4. 莱昂·达什，“罗莎·李的系列故事”，《华盛顿邮报》（1994），2015 年 11 月 8 日获得于 http://www.washingtonpost.com/wp-srv/local/longterm/library/rosalee/backgrnd.htm。

5. 我对罗莎·李·坎宁安生平的简短总结来自莱昂·达什写的那 8 个故事。有关完整的目录和所有 8 个条目的链接，读者可以从《华盛顿邮报》的网站获得。截至 2015 年 3 月，该系列在 http://www.washingtonpost.com/wp-srv/local/longterm/library/rosalee/backgrnd.htm。

6. 莱昂·达什，“周而复始的生活，罗莎·李面临损失（第八部分）”，《华盛顿邮报》1994 年 9 月 25 日，2014 年 11 月 8 日获得于 http://www.washingtonpost.com/wp-srv/local/longterm/library/rosalee/part8.htm。

7. 莱昂·达什，“女儿走在同样困扰的道路上（第六部分）”，《华盛顿邮报》1994 年 9 月 23 日，2014 年 11 月 8 日获得于 http://www.washingtonpost.com/wp-srv/local/longterm/library/rosalee/part6.htm。

8. 莱昂·达什，“艰难的旅程（第一部分）”，《华盛顿邮报》1994 年 9 月 18 日，2014 年 11 月 8 日获得于 http://www.washingtonpost.com/wp-srv/local/longterm/library/rosalee/part1.htm。

9. “读者反馈”，《华盛顿邮报》1994 年 10 月 2 日，2014 年 11 月 8 日获得于 http://www.washingtonpost.com/wp-srv/local/longterm/library/rosalee/readers.htm。

10. 林登·贝恩斯·约翰逊，向国会提交的年度报告，1964 年 1 月

8 日，2015 年 3 月 2 日获得于 http://www.presidency.ucsb.edu/ws/?pid=26787。

11. 林登·贝恩斯·约翰逊，“伟大社会”（密歇根大学的讲话），1964 年 5 月 22 日，2015 年 3 月 2 日获得于 http://www.pbs.org/wgbh/americanexperience/features/primary-resources/lbj-michigan/。

12. “向贫困宣战：来自于阿巴拉契亚战场的描述，1964”,《生活》，2014 年 3 月 2 日获得于 http://life.time.com/history/war-on-poverty-appalachia-portraits-1964/。

13. 莫莉·奥珊斯基，“城市和郊区的穷人，1964”,《社会保障公报》（1966 年 12 月）：22-37，http://www.ssa.gov/policy/docs/ssb/v29n12/v29n12p22.pdf。

14. 同上。

15. 尼古拉斯·埃贝尔斯塔特，“伟大社会五十周年”,《每周标准》，2014 年 5 月 19 日，2015 年 2 月 12 日获得于 http://www.weeklystandard.com/articles/great-society-fifty_791175.html?page=3。

16. 罗伯特·里克和雷切尔·谢菲尔德，“50 年后的脱贫战争”，遗产基金会，2014 年 9 月 15 日，2015 年 2 月 12 日获得于 http://www.heritage.org/research/reports/2014/09/the-war-on-poverty-after-50-years。

17. 同上。

18. 卡梅伦·斯蒂高尔，“生活的价格：1964 年到 2014 年”，CBS 纽约，2014 年 1 月 17 日，2015 年 2 月 12 日获得于 http://newyork.cbslocal.com/top-lists/the-price-of-living-from-1964-to-2014/。

19. “产品信息”，百思买，2015 年 2 月 12 日获得于 http://www .bestbuy.com/site/insignia-39-class-38-1-2-diagled-720p-hdtv-

black/2125035 .p?id=1219068846563&skuId=2125035。

20.“美国的贫困：常见问题”，国家贫困中心，2015 年 2 月 12 日获得于 http://www.npc.umich.edu/poverty/。

21.“国民收入和产品账户表：1950-1959”，经济分析局，2015 年 3 月 2 日获得于 http://www.bea.gov/iTable/iTableHtml.cfm?reqid=9&step=3&isuri=1&904=1959&903=1&906=a&905=1950&910=x&911=0。

22.“国民收入和产品账户表：1960-1969”，经济分析局，2015 年 3 月 2 日获得于 http://www.bea.gov/iTable/iTable.cfm?reqid=9&step=3&isuri=1&904=1969&903=1&906=a&905=1960&910=x&911=0#reqid=9&step=3&isuri=1&904=1969&903=1&906=a&905=1960&910=x&911=0。

23. 莎拉·克利夫，“当医疗保险启动时，没有人有任何线索可以确定是否会有用，”《华盛顿邮报》，2013 年 5 月 17 日，2015 年 2 月 12 日获得于 http://www.washingtonpost.com/blogs/wonkblog/wp/2013/05/17/when-medicare-launched-nobody-had-any-clue-whether-it-would-work/。

24. 卡门·DeNavas- 沃尔特，“美国的收入和贫穷：2013 年”，美国人口普查局（2014 年 9 月），http://www.census.gov/content/dam/Census/library/publications/2014/demo/p60-249.pdf。

25. 尼古拉斯·埃贝尔斯塔特，“伟大社会五十周年”，《每周标准》，2014 年 5 月 19 日，2015 年 2 月 12 日获得于 http://www.weeklystandard.com/print/articles/great-society-fifty_791175.html?page=2。

26. 林登·贝恩斯·约翰逊，“签署经济机会法备注”，1964 年 8 月 20 日，2015 年 2 月 12 日获得于 http://www.presidency.ucsb.edu/ws/?pid=26452。

27. 布赖恩·阿特曼，“在第四十九届超级碗中预测机选择了海鹰胜过爱国者”，西雅图CBS，2015年1月27日，2015年2月12日获得于http://seattle.cbslocal.com/2015/01/27/prediction-machine-picks-seahawks-over-patriots-in-super-bowl-xlix/。

28. 芭芭拉·沃贝杰达，“克林顿在司法部签署福利法案”，《华盛顿邮报》，1996年8月23日，2015年2月12日获得于http://www.washingtonpost.com/wp-srv/politics/special/welfare/stories/wf082396.htm。

29. 比尔·克林顿，“我们如何共同结束福利”，《纽约时报》，2006年8月22日，2015年2月12日获得于http://www.nytimes.com/2006/08/22/opinion/22clinton.html。

30. 约翰·伊弗尔，“幸福的追求：福利改革后工作母亲的感觉”，圣克拉拉大学商学院，2015年2月12日获得于http://www.scu.edu/business/mindwork/archives/spring08/ifcher.cfm。

31. 约翰·伊弗尔和霍马·扎尔加姆伊，“单身母亲的幸福趋势：来自综合社会调查的证据”，圣克拉拉大学商业学院（2011年），2015年3月22日获得于http://www.scu.edu/business/economics/research/upload/TrendsinHappinessofSingleMothers .pdf。

32. 罗伯特·雷克托，“奥巴马的福利改革的终结，第一部分：了解工作福利”，遗产基金会背景# 2730，2015年3月28日获得于 http://www.heritage.org/research/reports/2012/09/obamas-end-run-on-welfare-reform-part-one-understanding-workfare#_ftn6, note 6。

33. 马丁·费尔德斯坦，“美国住房危机的全球影响”，美国经济研究局（2009年8月），2015年3月2日获得于http://www.nber.org/feldstein/projectsyndicate082009.pdf。

34. 克里斯·伊西多尔，“美国失落的万亿”，CNN财经频道，2011

年 6 月 9 日，2015 年 2 月 12 日获得于 http://money.cnn.com/2011/06/09/news/economy/household_wealth/。

35. “^ GSPC 历史价格”，雅虎财经，2015 年 2 月 12 日获得于 http://finance.yahoo.com/q/hp?s=^GSPC&a=00&b=1&c=2006&d=00&e=1&f=2010&g=d。

36. 泰勒·阿特金森，大卫·卢特雷尔和哈维·罗森布拉姆，“到底有多糟糕？ 2007-2009 年金融危机的成本与后果”，员工文件 20（2013），2015 年 3 月 2 日获得于 https://dallasfed.org/assets/documents/research/staff/staff1301.pdf; Isidore，“America’s Lost Trillions”。

37. 凯利·格林，利亚姆·普莱文，劳拉·桑德斯，道恩·沃塔帕卡和杰森·茨威格，“我们从金融危机中学到了什么”，《华尔街日报》，2013 年 9 月 13 日，2015 年 2 月 12 日获得于 http://online.wsj.com/articles/SB10001424127887323864604579069661042932546; “金融危机应对图表”，美国财政部（2012 年 4 月），http://www.treasury.gov/resource-center/data-chart-center/Documents/20120413_FinancialCrisisResponse.pdf。

38. 丹尼尔·哈尔普，“报告：过去 5 年中美国在福利上花费了 3.7 万亿美元”，《每周标准》，2014 年 10 月 23 日，2015 年 2 月 12 日获得于 http://www.weeklystandard.com/blogs/report-us-spent-37-trillion-welfare-over-last-5-years_764582.html。

39. 马克·M. 格雷，“每个面临挑战希拉里·克林顿的人都是天主教徒吗？”博客 1964，乔治城大学使徒应用研究中心，2015 年 2 月 12 日获得于 http://nineteensixty-four.blogspot.com/2013/06/is-everyone-lining-up-to-challenge.html，格雷列出了他在美国总统计划档案中的数据。

40. 巴拉克·奥巴马，“总统对经济移动的评论”，新闻秘书办公室，2013 年 12 月 4 日，2015 年 2 月 12 日获得于 http://www.whitehouse.gov/the-press-office/2013/12/04/remarks-president-economic-mobility。

41. “奥巴马说收入差距是‘错误的’——在扩大后”，Investors.com，2013 年 7 月 30 日，2015 年 2 月 12 日 获 得 于 http://news.investors.com/ibd-editorials/073013-665705-income-gap-grew-sharply-under-obama.htm。

42. 巴拉克·奥巴马，“总统在美联社记者会上的讲话”，新闻秘书办公室，2012 年 4 月 3 日，2015 年 2 月 12 日获得于 https://www.whitehouse.gov/the-press-office/2012/04/03/remarks-president-associated-press-luncheon。

43. 爱德华·N. 沃尔夫，“资产价格崩溃和中产阶级的财富”，美国经济研究局（2012 年 11 月），2015 年 2 月 12 日获得于 doi: 10.3386/w18559。

44. 伊曼纽尔·塞斯，“努力变得更富有：美国最高收入的演变（更新到 2012 年初步估计）”，美国加州大学伯克利分校经济系（2013 年 9 月 3 日），2015 年 2 月 12 日访问于 http://eml.berkeley.edu/~saez/saez-UStopincomes-2012.pdf。

45.DeNavas- 沃特 和普罗克特，“美国的收入和贫穷：2013 年”。

46. “补充营养援助计划参与和费用”，食品和营养服务，2015 年 3 月 6 日更新，2015 年 3 月 2 日获得于 http://www.fns.usda.gov/sites/default/files/pd/SNAPsummary.pdf。

47. 贝思·劳伦斯，“你能获得多少社会保障残疾福利”，残疾人秘密，2015 年 2 月 12 日获得于 http://www.disabilitysecrets.com/how-much-in-ssd.html。

48. “美国贫富之间失业率差距持续扩大”，NJ.com，2013 年 9 月 16 日，2015 年 2 月 12 日获得于 http://www.nj.com/business/index.ssf/2013/09/gaps_in_us_unemployment_rates.html。

49. “经济新闻稿：按种族、性别和年龄划分的平民人口就业状况”，劳动统计局，2015 年 3 月 6 日更新，2015 年 3 月 15 日获得于 http://www.bls.gov/news.release/empsit.t02.htm。

50. 罗伯特·A. 马戈，“20 世纪 30 年代的就业和失业”，《经济展望杂志》7，第 2 期（1993）：41-59，https://fraser.stlouisfed.org/docs/meltzer/maremp93.pdf。

51. 艾米丽·斯汪森，“投票：共和党希望帮助富人”，《赫芬顿邮报》，2013 年 9 月 25 日，2015 年 2 月 12 日获得于 http://www.huffingtonpost.com/2013/09/25/republican-party-rich_n_3984789.html。

52. “随着中期临近，共和党领导关键问题，民主党有更积极的形象”，皮尤研究中心（2014 年 10 月 23 日），2015 年 2 月 12 日获得于 http://www.people-press.org/2014/10/23/as-midterms-near-gop-leads-on-key-issues-democrats-have-a-more-positive-image/。

第三章　推桶

1. “2011 年准备，愿意和能力项目毕业生达拉斯·戴维斯的演讲”，YouTube 视频，2011 年 4 月 5 日，2015 年 3 月 1 日获得于 https://www.youtube.com/watch?v=XMXSIx2L1AA。

2. “无名妈妈烛光守夜”，无名基金，2015 年 3 月 10 日获得于 http://www.doe.org/events_past_detail.cfm?eventID=146。

3. 美联社，“无家可归的妇女在中央车站发现死亡”1985 年 12

月 26 日，2015 年 3 月 10 日获得于 http://www.doe.org/news_detail.cfm?pressID=60&news_type=archives。

4. 桑德拉·尹，“无名基金在改变生活中起了作用”，2000 年 3 月 23 日，2015 年 3 月 10 日获得于 http://www.doe.org/news_detail.cfm?pressID =12 & news_type=archives。

5.“副总检察长詹姆斯·科尔在东南地区再进入会议上讲话”，2012 年 10 月 16 日，http://www.justice.gov/opa/speech/deputy-attorney-general-james-m-cole-speaks-southeastern-regional-reentry-conference。

6. 琼·皮特尔斯连，“囚犯返回社区时：政治，经济和社会后果”，判刑和惩罚行政会议文件 9”（2000 年 11 月），美国司法部，https://www.ncjrs.gov/pdffiles1/nij/184253.pdf。

7. 凯瑟琳·西罗伊斯和布鲁斯·韦斯顿，“对准备、意愿和能力项目的评价”，哈佛大学行动研究报告（2010）。

8. 安迪·基尔斯基，“劳动力参与率自 1978 年以来最低”，《商业内幕》，2014 年 10 月 3 日，2015 年 3 月 18 日获得于 http://www.businessinsider.com/labor-force-participation-rate-september-2014-2014-10。

9. 伊安·Q. 梅，“更多美国人被困在兼职工作中”，《华盛顿邮报》，2014 年 7 月 3 日，2015 年 3 月 3 日获得于 http://www.washington post.com/business/economy/more-americans-are-stuck-in-part-time-work/2014/07/02/2eefaa72-f7e7-11e3-a3a5-42be35962a52_story.html.

10. 作者的原始计算；来自 2001 年收入动态追踪调查（PSID）的数据。见亚瑟·C. 布鲁克斯，“我爱我的工作”，美国，2007 年 9 月 17 日，2015 年 1 月 9 日获得于 http://www.aei.org/publication/i-love-my-work/.

11. 作者的原始计算；2002 年综合社会调查的数据。

12. 约瑟夫·拉辛格，“持有荣誉卡的大人物，红雀学院的约瑟夫·拉辛格院长”，梵蒂冈，2005年4月18日，2015年3月25日获得于http://www.vatican.va/gpII/documents/homily-pro-eligendo-pontifice_20050418_en.html。

13.“案文：乔治·布什在全国有色人种协进会的演讲”，《华盛顿邮报》，2000年7月10日，2015年3月15日获得于http://www.washingtonpost.com/wp-srv/onpolitics/elections/bushtext071000.htm。

14. M·E·P·塞利格曼，S·F·迈尔和J·吉尔，“减轻狗的习得性无助”，《异常心理学杂志》73，3（1968）：252-62。

15. 林恩·Y. 艾布拉姆森，马丁·E. 塞利格曼和约翰·D. 蒂斯代尔，“人类的习得性无助：批判和改革”，《异常心理学杂志》87，1（1978年2月）：49-74。

第四章　来自印度贫民窟和奥地利鬼城的训诫

1. 拉克希米·艾尔，约翰·D. 麦康伯和内姆拉它·阿罗拉，“达拉维：发展中亚洲最大的贫民窟”，哈佛商学院案例710-004（2009年7月），2015年2月21日获得于http://www.artdurnev.com/wp-content/uploads/2010/06/Dharavi.pdf。

2.“2013年新房特征的亮点”，美国人口普查局（2013年），2015年3月11日获得于https://www.census.gov/construction/chars/highlights.html。

3.“一个繁荣的贫民窟”，《经济学人》，2007年12月19日，2015年1月5日获得于http://www.economist.com/node/10311293。

4. 约瑟芬·德阿朗，“让城市贫民进入市中心”，《赫芬顿邮报》2013年12月6日，2015年1月18日获得于http://www.huffingtonpost.com/

josephine-dallant/giving-the-urban-poor-acc_b_4392762.html。

5. 来自世界银行“国家/地区信息中心”工具的数据，2015年3月30日获得于 http://povertydata.worldbank.org/poverty/country/IND。

6. 萨达南·杜海姆，“虎的上升的讨论”，《华尔街日报》，2013年4月15日，2015年1月16日获得于 http://www.wsj.com/articles/SB10001424127887324100904578404832410133390。

7.“人均国民总收入”，世界银行，2015年3月30日获得于 http://data.worldbank.org/indicator/NY.GNP.PCAP.CD/countries/IN?display=graph。

8. 托马斯·科斯蒂根，“回收利润”，《市场观察》，2007年11月26日，2015年1月15日获得于 http://www.marketwatch.com/story/in-indias-recycling-capital-10-a-month-brings-hope。

9. 吉姆·雅德利，“一个贫民窟里的苦难，工作，政治和希望，”《纽约时报》，2011年12月28日，2015年1月2日获得于 http://www.nytimes.com/2011/12/29/world/asia/in-indian-slum-misery-work-politics-and-hope.html。

10. 艾尔，麦康伯和阿罗拉，“达拉维”。

11. 玛丽·雅达，保罗·F·拉扎斯菲尔德，汉斯·蔡塞尔和克里斯蒂安·弗莱克，“马林塔尔：失业社会的社会学（芝加哥：阿尔定·阿瑟顿，2002）。

12. 卡门·佩雷斯–朗扎克，“La Apatía de un ‘Nini’”，El Pais，2014年11月2日，2015年1月16日获得于 http://politica.elpais.com/politica/2014/10/22/actualidad/1413974500_362946.html。

13. 皮拉尔·阿尔瓦雷斯，“El Paro de los Titulados Españoles Triplica la Media de laOCDE,” El Pais，2014年9月9日，2015

年 1 月 16 日获得于 http://sociedad.elpais.com/sociedad/2014/09/09/actualidad/1410246577_609240.html。

14. 2007 年世界价值观调查。

15. 玛尔塔·多明格斯－费卡洛斯，特里萨·卡斯特罗－马丁，“妇女在西班牙和葡萄牙不断变化的社会经济地位和联盟形成”，《人口研究》19，第 41 期（2008），doi:10.4054/DemRes.2008.19.41。

16. “西班牙失业率”，交易经济学，2015 年 3 月 29 日获得于 http://www.tradingeconomics.com/spain/unemployment-rate。

17. 弗朗西斯教皇，“弗朗西斯教皇向欧洲议会致辞，”法国斯特拉斯堡，2014 年 11 月 25 日，2015 年 2 月 10 日获得于 http://w2.vatican.va/content/francesco/en/speeches/2014/november/documents/papa-francesco_20141125_strasburgo-parlamento-europeo.html。

18. 基思·福尼尔，“福音派，传教士弗朗西斯呼吁欧洲回归耶稣基督和基督徒的根基”，天主教在线，2014 年 11 月 27 日，2015 年 2 月 5 日获得于 http://www.catholic.org/news/international/europe/story.php?id=57785。

19. 罗伯特·曼钦，“欧洲的宗教：信托不填充座位”，盖洛普公司，2004 年 9 月 21 日，2015 年 3 月 2 日获得于 http://www.gallup.com/poll/13117/religion-europe-trust-filling-pews.aspx。

20. “你需要知道的关于爱尔兰不满的天主教徒的一切”，《周》，2014 年 6 月 28 日，2015 年 2 月 5 日获得于 http://theweek.com/article/index/263824/everything-you-need-to-know-about-irelands-disaffected-catholics。

21. “法国出生率下降到每个女人两个孩子”，路透社，2014 年 1 月 14 日，2015 年 1 月 3 日获得于 http://www.reuters.com/article/2014/

01/14/france-demographics-idUSL6N0KO2FS20140114。

22. 莫莉·摩尔，“作为欧洲增长的祷告，法国设计一个婴儿潮”，《华盛顿邮报》，2006年10月18日，2015年1月26日获得于 http://www.washingtonpost.com/wp-dyn/content/article/2006/10/17/AR2006101701652.html。

23. 卡西·韦伯，“丹麦人承诺他们的政府有更多的性生活”，《石英》，2015年1月14日，2015年1月29日获得于 http://qz.com/326741/danes-have-promised-their-government-to-have-more-sex/。

24. 来自美国人口普查局国际数据库的数据，2015年3月30日检索，http://www.census.gov/population/international/data/idb/region.php?N=%20Results%20&T=15&A=both&RT=0&Y=2010，2030&R=-1&C=CA，MX，US。

25. 约翰·霍普金斯比较非营利部门项目，2006年5月17日获得于 http://www.jhu.edu/cnp。

26. 马特·莫菲特，“加泰兰·哈姆雷特在马德里通过飘扬小西班牙国旗的方式指着当局的鼻子”，《华尔街日报》，2014年11月2日，2015年2月6日获得于 http://www.wsj.com/articles/can-you-see-this-spanish-flag-secessionists-in-spain-thwart-the-banner-police-1414985402。

27. 威廉·哈姆斯，“NORC：美国人，委内瑞拉人最自豪”，《芝加哥大学纪事》25，第11期（2006年3月2日），2015年3月29日获得于 http://chronicle.uchicago.edu/060302/norc.shtml。

28. 汤姆·W. 史密斯和金胜厚，“跨国和时间视角的国家骄傲”，《国际公众舆论研究杂志》18（2006年春）：127-36。

29. 史蒂夫·摩尔，“奥巴马任期内：失业的美国人数比找到工作的多一百万”，福布斯，2014年10月6日，2015年1月27日获

得　于 http://www.forbes.com/sites/stevemoore/2014/10/06/under-obama-one-million-more-americans-have-dropped-out-of-work-force-than-have-found-a-job/。

30.“年度劳动力统计的国际比较，1970-2012，”美国劳工部劳动统计局，2013 年 6 月 7 日，2015 年 1 月 8 日获得于 http://www.bls.gov/fls/flscomparelf.htm#chart05，table #4。

31.“美国青年失业率”，交易经济学，2015 年 3 月 2 日获得于 http://www.tradingeconomics.com/united-states/youth-unem ployment-rate. 美国劳工部劳工统计局的数据。

32.“欧盟成员国青年失业率”，Statista，2014 年 9 月 20 日获得于 http://www.statista.com/statistics/266228/youth-unemployment-rate-in-eu-countries/。

33.“欧盟选举：反移民浪潮席卷欧洲”，《国际商业时报》，2014 年 5 月 26 日，2014 年 8 月 7 日获得于 http://www.ibtimes.com/eu-elections-anti-immigrant-wave-sweeps-europe-1590035。

34. 卡斯·马德尔，“2014 年欧洲选举中遥远的权利：关于地震，卡特尔和设计师弗朗西斯”，猴笼网志，《华盛顿邮报》，2014 年 5 月 30 日，2015 年 1 月 20 日获得于 http://www.washingtonpost.com/blogs/monkey-cage/wp/2014/05/30/the-far-right-in-the-2014-european-elections-of-earthquakes-cartels-and-designer-fascists/。

35. 理查德·维克，“在欧洲，反对移民，少数民族的观点保持高涨”，皮尤研究中心，2014 年 5 月 14 日，2015 年 1 月 18 日获得于 http://www.pewresearch.org/fact-tank/2014/05/14/in-europe-sentiment-against-immigrants-minorities-runs-high/。

36.“拜登女性：感谢奥巴马医改，你可以退出工作”，福克斯新闻，

2015年2月3日获得于http://www.foxnews.com/politics/2014/02/27/biden-to-women-thanks-to-obamacare-can-quit-working/。

37. 吉姆·雅德利，“贫民窟里的苦难、工作、政治和希望”，《纽约时报》，2011年12月28日，2015年1月2日获得于http://www.nytimes.com/2011/12/29/world/asia/in-indian-slum-misery-work-politics-and-hope.html。

38. 基思·福尼尔，“福音派，传教士弗朗西斯呼吁欧洲回归耶稣基督和基督徒的根基”，天主教在线，2014年11月27日，2015年2月5日获得于http://www.catholic.org/news/international/europe/story.php?id=57785。

第五章 保守的社会公正议程

1.“解开来自犹他州美容学院的非洲头发编织者”视频，司法研究所，2015年3月20日获得于http://transcriptvids.com/v/2tjTheDqQrw.html。

2. 雅各布·戈德斯坦，“所以你认为你可以成为编发师？”《纽约时报》，2012年6月12日，2015年1月26日获得于http://www.nytimes.com/2012/06/17/magazine/so-you-think-you-can-be-a-hair-braider.html。

3.“废除犹他州的非洲头发编织法案”，正义研究所，2015年1月25日获得于http://www.ij.org/utah-hairbraiding-background。

4. 丹尼斯·罗姆波，“法院与头发编织案件中的妇女统一立场”，KSL.com，2012年8月10日，2015年1月25日获得于http://www.ksl.com /?sid=21638994。

5.“房地产立法和法规”，哥伦比亚消费者和法规事务部（2013年4月），2014年8月24日获得于 http://www.asisvcs.com/publications/pdf/660909.pdf。

6.“哥伦比亚特区美容许可证申请说明和表格”，哥伦比亚特区职业和专业许可证管理局，2014年8月24日获得于 http://www.asisvcs.com/publications/pdf/670960.pdf。

7. 罗恩·哈斯金斯，“失落的中产阶级神话”，《华盛顿邮报》，2012年3月29日，2015年1月21日获得于 http://www.washingtonpost.com/opinions/the-myth-of-the-disappearing-middle-class/2012/03/29/gIQAsXlsjS_story.html。

8.“倡导终止儿童和家庭无家可归：五个简单步骤”，国家家庭无家可归中心，2015年2月3日获得于 http://www.familyhomelessness.org/media/314.pdf。

9. S. 杰·奥尔尚斯基，托尼·安东努奇，丽莎·伯克曼等，“由于种族和教育差异导致的预期寿命的差异正在扩大，许多人可能无法达到”，《健康事务》31，第8期（2012年8月），doi:10.1377/hlthaff.2011.0746。

10. 阿南迪·玛尼，森德希·穆拉伊纳丹，埃尔达尔·沙菲尔和赵家营，“贫困阻碍了认知能力”，《科学》341，第6149期（2013年8月），doi: 10.1126/science.1238041。

11. 丹尼斯·布莱迪，“贫困阻碍了认知能力，成为坏决策的开端，新的研究发现”，《华盛顿邮报》，2013年8月29日，2015年2月7日获得于 http://www.washingtonpost.com/national/health-science/poverty-strains-cognitive-abilities-opening-door-for-bad-decision-making-new-study-finds/2013/08/29/89990288-102b-11e3-8cdd-bcdc09410972_

story.html。

12. Przemyslaw Tomalski，德里克·G. 摩尔，海伦娜·里贝罗等，“社会经济地位和功能性脑发育：早期的联系”，《发育科学》16，第5期（2013年9月），doi:10.1111/desc.12079。

13. 作者的原始计算；来自2000年社会资本社区基准调查的数据。见亚瑟·C. 布鲁克斯《谁真正关心：关于慈悲保守主义的令人惊讶的真理》（纽约：基本书籍，2006），21。

14. 作者的原始计算；2002年综合社会调查的数据。参见布鲁克斯《谁真正关心》，22。

15. 给予美国基金会，给予美国2013年：2012年公益年度报告（2013年）印第安纳大学。

16. 从卡罗琳·普雷斯顿和妮可·华莱士得来的卡特里娜总数，“美国捐赠人向海地援助赠款140万美元”，《慈善纪事》，2011年1月6日，2015年3月28日获得于 https://philanthropy.com/article/Haiti-Aid-Falls-Short-of-Other/159311。与9月11日弗兰克·托马斯的捐款比较，“卡特里娜激励创纪录的慈善捐款”，《今日美国》，2005年11月13日。

17. 我使用国家飓风中心的“总损失估计”为1080亿美元。见理查德·D. 科纳布，杰米·R. 罗姆和丹尼尔·P. 布朗，“热带气旋报告：飓风卡特里娜”，国家飓风中心，最后更新于2006年8月10日，2015年3月29日获得于 http://www.nhc.noaa.gov/pdf/TCR-AL122005_Katrina.pdf。

18. F·A. 哈耶克，《通往奴隶之路》，由布鲁斯·考德威尔主编，（芝加哥：芝加哥大学出版社，2007），148。

19. 罗纳德·里根，就职演讲，1967年1月5日，检索于2015年3月24日，http://reagan.convio.net/site/DocServer/ReaganMomentsFeb_-_4_-_

Inaugural_Address_1967_-_Governor.pdf?docID=584。

20. 弗朗西斯，“弗朗西斯教皇参加世界人民运动会议的讲话”，梵蒂冈，2014年10月28日，2015年3月3日获得于https://w2.vatican.va/content/francesco/en/speeches/2014/october/documents/papa-francesco_20141028_incontro-mondiale-movimenti-popolari.html。

21. 艾希莉·N. 爱德华，“经济福祉动态：贫困，2009-2011”，美国人口普查局（2014年1月），2014年9月22日获得于http://www.census.gov/content/dam/Census/library/publications/2014/demo/p70-137.pdf。

22. 克里斯托弗·马修斯，“近半数美国人靠薪水生活”，《时间》，2014年1月30日，2015年3月30日获得于http://time.com/2742/nearly-half-of-america-lives-paycheck-to-paycheck/。

23. 妮基·基茨圣托尼斯，“希腊人的公共自杀与财政祸害”，《纽约时报》，2012年4月4日，2014年11月16日获得于http://www.nytimes.com/2012/04/05/world/europe/greek-man-ends-financial-despair-with-bullet.html。

24. “讲道的难题”，伊拉斯谟博客，经济学家，2013年10月21日，2015年3月1日获得于http://www.economist.com/blogs/erasmus/2013/10/greece-and-suicide。

25. 安德鲁·库尔森，“每日图表：联邦支出”，卡托研究所，2009年9月30日，2015年1月30日获得于http://www.cato.org/blog/chart-day-federal-ed-spending。

26. “2014哥伦比亚特区综合评估系统成果”，华盛顿州教育厅办公室，2014年7月31日，2015年2月12日获得于http://osse.dc.gov/sites/default/files/dc/sites/osse/publication/attachments/2014%20DC%20

CAS%20Result%20July%2031%202014...FINAL_.pdf。

27. 马修·M. 钦戈斯和保罗·E. 彼得森，“学校券对学院入学的影响：来自纽约市的实证证据”，布鲁金斯教育政策布朗中心和哈佛教育政策和治理计划（2012 年 8 月），2014 年 4 月 7 日获得于 http://www.hks.harvard.edu/pepg/PDF/Impacts_of_School_Vouchers_FINAL.pdf。

28. 卡洛琳·M. 霍克斯比，索纳莉·穆拉卡，珍妮·康，“纽约市特许学校如何影响成就”，纽约市特许学校评估项目（2009 年 9 月），2014 年 4 月 7 日获得于 http://users.nber .org/~schools/charterschoolseval/how_NYC_charter_schools_affect_achievement_sept2009.pdf。

29. 乔舒亚·D. 安格瑞斯特，莎拉·R. 科霍德斯，苏珊·M. 戴纳斯基等，“马萨诸塞州特许学校学生成就”，哈佛大学教育政策研究中心（2011 年 1 月），2015 年 3 月 24 日获得于 http://economics.mit.edu/files/6493。

30. 弗雷德里克·赫斯，“学校选择‘工作’吗？”，《国家事务》5（2010 年秋季），2015 年 3 月 4 日获得于 http://www.nationalaffairs.com/publications/detail/does-school-choice-work。

31. 小罗纳德·G. 弗赖尔，史蒂芬·D. 莱维特，约翰·李斯特等，“通过损失避免提高教师奖励的效率：现场实验”，NBER 工作文件第 18237 号（2012 年 7 月），doi:10.3386/w18237。

32. 选自“加利福尼亚教育的指数情况”的加利福尼亚州教师人数，加利福尼亚教育部，2015 年 3 月 14 日获得于 http://www.cde.ca.gov/ds/sd/cb/ceffingertipfacts.asp。从加利福尼亚教育部“Dataquest”工具生成的自定义报告中检索的管理员人数，2015 年 3 月 14 日获得于 http://dq.cde.ca.gov/dataquest/。从加州教育部“教育预算”检索的预算信息，2015 年 3 月 14 日获得于 http://www.cde.ca.gov/fg/fr/eb/cefedbudget.asp。“普通基金预算摘要”，加州教育部，2015 年 3 月 14 日获得于 http://www.cde .ca.gov/fg/fr/eb/gbudsum14.asp。

33. 国家教育统计中心，教育统计摘要，2012 年，美国教育部（2013 年）3，2014 年 12 月 2 日获得于 http://nces.ed.gov/fastfacts/display.asp?id=76。

34. 同上。

35. 丹妮尔·库尔茨莱本，“学校学费增长有多快？”，《美国新闻与世界报道》，2013 年 10 月 23 日，2015 年 3 月 12 日获得于 http://www.usnews.com/news/articles/2013/10/23/charts-just-how-fast-has-college-tuition-grown。

36. 凯文·基利，“一万美元的讲台”，《高等教育纪事报》，2012 年 11 月 30 日，2015 年 3 月 26 日获得于 https://www.insidehighered.com/news/2012/11/30/texas-florida-and-wisconsin-governors-see-large-overlap-higher-education-platforms。

37. 达瑞尔·狄朋斯，“技术有它的位置：在一个有爱心的老师背后”，《高等教育纪事报》，2012 年 8 月 6 日，2015 年 3 月 2 日获得于 http://chronicle.com/article/Technology-Has-Its-Place-/133329/。

38. 基利，“一万美元的讲台”。

39. 吉姆·克利夫顿，“美国创业：死亡或生存”，盖洛普，2015 年 1 月 12 日，2015 年 3 月 3 日获得于 http://www.gallup.com/businessjournal/180431/american-entrepreneurship-dead-alive.aspx。

40. 卡门·迪纳瓦斯-沃特和伯纳黛特·D. 普罗克特，“当前人口报告”，P60-249，美国的收入和贫困：2013 年，美国人口普查局

（2014 年），2015 年 3 月 6 日获得于 http://www.census.gov/content/dam/Census/library/publications/2014/demo/p60-249.pdf。

41. 丽贝卡·里夫金，“在美国，67% 对收入、财富分配不满意”，盖洛普，2014 年 1 月 20 日，2015 年 3 月 27 日获得于 http://www.gallup.com/poll/166904/dissatisfied-income-wealth-distribution.aspx。

42. 杰弗里·克莱门斯和迈克尔·威瑟，“最低工资和大衰退：对低技能工人就业和收入轨迹的影响的证据”，国家工商联第 20724 号工作文件（2014 年 12 月），doi:10.3386/w20724。

43. 迈克·斯特兰，“超过最低工资”，国家评论在线，2013 年 12 月 11 日，2015 年 3 月 2 日获得于 http://www.national review.com/article/365999/more-minimum-wage-michael-r-strain。

44. “高薪？ 当美国强迫一些残疾人说感谢时，他们说不”，《彭博新闻》，2014 年 10 月 23 日，2015 年 2 月 14 日获得于 http://www.bloomberg.com/news/articles/2014-10-23/higher-pay-some-disabled-say-no-thanks-as-u-s -forces-it。

45. 美国劳工部劳动统计局，“按种族、年龄和性别的平民人口就业状况 2014 年 2 月 - 2015 年 2 月”，美国劳工部，最后修订于 2015 年 3 月 6 日，2015 年 3 月 12 日获得于 http://www.bls.gov/news.release/empsit.t02.htm。

46. 美国劳工部劳动统计局，“大城市失业率 ——2015 年 1 月”，美国劳工部，2015 年 3 月 20 日最后修改，2015 年 3 月 27 日获得于 http://www.bls.gov/web/metro/laummtrk.htm。

第六章　从抗议运动到社会运动

1. 汤姆·布鲁默，“数年的咆哮：CNBC 的里克·圣泰利离开了；演播室主持人低调处理暴民统治”，博客帖子，Newsbusters，2009 年 2 月 19 日，2015 年 1 月 14 日获得于 http://newsbusters.org/blogs/tom-blumer/2009/02/19/rant-ages-cnbcs-rick-santelli-goes-studio-hosts-invoke-mob-rule-downplay。

2.“在‘满意’和‘正确的方向’之间的不同寻常的差距”，皮尤研究中心，2009 年 3 月 26 日，2015 年 2 月 9 日获得于 http://www.pewresearch.org/2009/03/26/unusually-wide-gap-in-satisfaction-right-direction-measures/。

3.“共和党声势浩大引领美国众议院；民主党人仍占参议院多数”，CNN，2010 年 11 月 3 日，2015 年 3 月 13 日获得于 http://www.cnn.com/2010/POLITICS/11/02/election.main/。

4. 杰弗里·M. 琼斯，“美国记录高度最大的政府威胁”，盖洛普，2013 年 12 月 18 日，2015 年 1 月 22 日获得于 http://www.gallup.com/poll/166535/record-high-say-big-government-greatest-threat.aspx。

5.“茶党运动”，盖洛普，2015 年 2 月 21 日获得于 http：// www。gallup.com / poll / 147635 / tea-party-movement.aspx。

6. 在社会运动方面有很多关于社会学的文献。我不想在这里假装全面地代表它，一些社会学家可能会对我在抗议运动和社会运动之间划分的步骤提出异议。然而，我相信我的方法是与诸如赫伯特·G·布鲁默的规范描述一致。用他的话来说，“社会运动可以被视为集体企业，以建立一种新的生活秩序。他们一开始就处于动荡状态，一方面从对当前生活方式的不满中获得动机，另一方面从对新的计划或生活系统的愿望和希望中获得动力。”《社会学原理概述》中的《集体行为》，罗伯特·E·帕克编辑（纽约：巴恩斯与诺布尔，1939 年），199。

7. 马丁·路德·金，“我有一个梦想”，美国修辞，2015 年 2 月 8 日获得于 http://www.americanrhetoric.com/speeches/mlkihaveadream.htm。

8. 丽迪雅·萨德，“国王假日，民权进步的分裂评论”，盖洛普，2008 年 1 月 21 日，2015 年 1 月 9 日获得于 http://www.gallup.com/poll/103828/civil-rights-progress-seen-more.aspx。

9. 弗兰克·纽波特，大卫·W. 摩尔和丽迪雅·萨德，“盖洛普长期投票趋势：美国公众对于世纪的看法”，盖洛普，1999 年 12 月 20 日，2015 年 2 月 22 日获得于 http://www.gallup.com/poll/3400/longterm-gallup-poll-trends-portrait-american-public-opinion.aspx。

10. 大卫·阿伯勒将民权权利认定为革命社会运动，同时将民主发展国家定为改革社会运动。见大卫·F. 阿伯勒《纳瓦霍人中的 Peyote 宗教》（芝加哥：欧尔丁，1966 年）。

11. “为了纪念 ......” 母亲反对酒运动，2015 年 2 月 13 日获得于 http://www.madd.org/about-us/history/cari-lightner-and-laura-lamb -story.pdf。

12. “挽救生命的 25 年”，母亲反对酒驾运动，2015 年 2 月 12 日获得于 http://www.madd.org/about-us/history/madd25thhistory.pdf。

13. 同上。

14. “MADD 里程碑”，母亲反对酒驾运动，2015 年 2 月 13 日获得于 http://www.madd.org/about-us/history/madd-milestones.pdf。

15. 罗伯特·M. 卡尔霍恩，《美国革命指南》中的《忠诚与中立》，杰克·P. 格林和 J.R. 普尔编辑（牛津：布莱克威尔，2003）。

第七章　高效保守主义者的七个习惯

1. M.V. 胡德三世和赛斯·麦基，“真实颜色：白人保守支持少数民族共和党候选人”，《公众意见季刊》（2015），doi:10.1093/poq/nfu057。

2. 德文·德威尔，“奥巴马：如果我们在 2012 年失去，政府会告诉人们‘你是独立的’”，ABC 新闻，2011 年 10 月 26 日，2015 年 1 月 28 日获得于 http://abcnews.go.com/blogs/politics/2011/10/obama-if-we-lose-in-2012-government-will-tell-people-youre-on-your-own/。

3. 埃德·皮尔金顿，“奥巴马对中西部选民枪和宗教的评论表示愤怒”，《卫报》2008 年 4 月 14 日，2015 年 1 月 15 日获得于 http://www.theguardian.com/world/2008/apr/14/barackobama.uselections2008。

4. “AP-GfK 投票”，GfK 公共事务，2014 年 12 月 8 日获得于 http://ap-gfkpoll.com/main/wp-content/uploads/2013/10/AP-GfK-October-2013 -Poll-Topline-Final_VIEWS.pdf。

5. 丽莎·法韦尔和伯纳德·温纳，“流血的心和无情：自由和保守的意识形态的人们的看法”，《个性和社会心理学公报》26，第 7 期（2000 年 9 月），doi: 10.1177/0146167200269009。

6. 哈利·格芬，“供应方革命发布的餐巾涂鸦”，《彭博新闻》，2014 年 12 月 4 日，2015 年 1 月 13 日获得于 http://www.businessweek.com/articles/2014-12-04/laffer-curve-napkin-doodle-launched-supply-side-economics。

7. “最低工资增长对就业和家庭收入的影响”，国会预算办公室（2014 年 2 月），2015 年 2 月 10 日获得于 https://www.cbo.gov/publication/44995。

8. 丽迪雅·萨德，“美国自由主义者 24% 在册，但仍在审判保守派”，盖洛普，2015 年 1 月 9 日，2015 年 2 月 28 日获得于 http://www.gallup.com/poll/180452/liberals-record-trail-conservatives.aspx。

9. 例如：“iPad Air 2- 变化”，You Tube 视频，1:00，2015 年 3 月 1 日获得于 https://www.youtube.com/user/Apple?v=ROZhrRm88ms。

10. 凯文·克拉克，“安德鲁·卢克：NFL 最讨厌的垃圾谈话者”，《华尔街日报》，2014 年 12 月 16 日，2015 年 1 月 19 日获得于 http://www.wsj.com/articles/andrew-luck-the-nfls-most-perplexing-trash-talker-1418663249。

11. 丹尼·海斯，“通过党派镜头的候选人质量：特性所有权理论”，《美国政治科学杂志》49，第 4 期（2005 年 10 月），2014 年 8 月 2 日获得于 http://home.gwu.edu/~dwh/trait_ownership.pdf。

12. 大卫·米尔斯，“修女索尔嘉呼唤武器：说唱歌手说暴动是回报。你注意到了吗？”，《华盛顿邮报》，1992 年 5 月 13 日，2015 年 1 月 16 日获得于 http://www.washingtonpost.com/wp-dyn/content/article/2010/03/31/AR2010033101709.html。

13. 格温·艾费尔，“1992 年运动：民主党人；克林顿在杰克逊会议：温暖和一些摩擦”，《纽约时报》，1992 年 6 月 14 日，2015 年 2 月 23 日获得于 http://www.nytimes.com/1992/06/14/us/the-1992-campaign-democrats-clinton-at-jackson-meeting-warmth-and-some-friction.html。

14.“修女索尔嘉运动”，C-SPAN 视频，2:34，2013 年 7 月 28 日，2014 年 11 月 18 日获得于 http://www.c-span.org/video/?c4460582/sister-souljah-moment。

15. 杰弗里·戈德伯格，“希拉里·克林顿：‘失败’帮助叙利亚反叛 ISIS 的兴起”，《大西洋》，2014 年 8 月 10 日，2015 年 2 月 27 日获得于 http://www.theatlantic.com/international/archive/2014/08/hillary-clinton-failure-to-help-syrian-rebels-led-to-the-rise-of-isis/375832/。

16. 采访丹妮拉·席勒，2014 年 12 月 17 日。

17. 丹妮拉·席勒，乔纳森·B. 弗里曼，杰森·P. 米切尔，詹姆斯·S. 莱曼和伊丽莎白·A. 菲尔普斯，“第一印象的神经机制”，《自然神经科学》12（2009），doi:10.1038/nn.2278。